スタンフォードの心理学授業

ハートフルネス

Heartfulness

スティーヴン・マーフィ重松
島田啓介＝訳

大和書房

From Mindfulness to Heartfulness
by Stephen Murphy-Shigematsu

日本の皆さんへ

本書はハートフルネスについて書かれたものです。これを手に取った皆さんは、ハートを大切に生きることが人生に何かの意味を与えることを感じていることでしょう。しかしそれが現実にどう役立つのか？　という問いを持たれるかもしれません。

私たちは変われるでしょうか？　少しでも向上し、より良い人生を歩めるでしょうか？　読者一人ひとりにお会いしたことはありませんが、あなたをはじめ誰でもが、生きている限り（最後の一呼吸まで）つねに変わっていく力を持っています。私がそう確信するのは、多くの人の変容に立ち会い、その人たちの周囲もまた影響を受けて変わった事実を目にしたからです。

長年人生を充実させる秘訣について探求してきた末に、私はハートフルネスこそがその道だと信じるようになりました。それは、スタンフォード大学でこつこつと粘り強く、科学的な探求を進め、実践を重ねてきたからです。マインドフルネスの授業はやがて、ハートフルネスの実験室に発展しました。そこで多くの学生たちが、自分自身と社会を変容させる方法を学んでいます。

そうした授業の経験が、本書には盛り込まれています。それは伝統的な智慧と現代のテクノロジー、アートと科学を統合する最先端の試みです。ＡＩの時代にレジリエンスを育てるためには、ＥＩ（感情的知性）を強調する必要があります。たとえば、メンタル面の管理、適切な行動の選択、創造性などとともに、人間関係を築く力、共感力、文化的謙遜、リーダーシップも必要なのです。

ハートフルネスの授業で、ある学生が書いた言葉です。

「授業で起こったことはひとつの小さな奇跡でした。私たちは自分の心の中の、仲間との、人との間にある壁を越え、切望していたつながりを求め、努力を続けることが大切だとわかりました。今お互いへの感謝を抱き、ここにいること自体に感謝しています」

私は最近こうした学びを、多くの日本の学生、ビジネス界の人々、教育者やヘルスケアの専門職の人たちにも伝えています。彼らの反応がアメリカの人たちと同様に非常に良かったので、日本の皆さんにも日本語で、ぜひハートフルネスを伝えたいと思ったのです。

ある学生の感想にはこうありました。

「授業を仲間と受けてから、人生に変化を感じました。ありのままの自分が受容できるようになったと思います。完璧である必要はありません。人生でもっとも大事なのは、人を愛することと、与えられたものを精一杯生かすことを忘れないことだと思います」

よくある「本当に私は変われるのでしょうか?」という問いかけに対して、私はハートフルネスで応えます。答えは迷わず「イエス」ですが、一方で「全部は変えないでください、あなたはそのままですばらしいのですから。さらに良くなることもできますし」とも言いたいのです。

変わるための鍵は、自分の内面的な美しさへの気づきです。世界にあなたの真実を表せば、さらにその美を輝かせることもできます。外の世界への勇気ある旅だけが、安らぎと幸せの探求ではありません。内面の旅、内なる自分自身へと戻ること、見いだされるのを待っているその安らぎの場へ帰ることもまた、そうした旅なのです。

私たちは、この世のほんのひとときの滞在者です。うまくいけば、存在の目的を知ることができるでしょう。意味と、喜びと、幸せを感じながら生きる幸運に恵まれるかもしれません。

しかし、人間として生きるのは簡単ではありません。私たちは、喜びだけでなく、悲しみも含む人生の現実に直面します。勝つとは限らず、負けることもあります。ハートが愛であふれることがあれば、ずたずたに引き裂かれることもあります。悲しみや孤独、心配や恐れ、無気力や懐疑にとらわれることもあるでしょう。

愛し愛されることだけを望みながら、そうなる前に幾度となく躓きます。満たされず、挫折感を味わいます。そして、いつかは死ぬと知りつつ生きています。

現代は、人類史の中でも生きるのに困難な時代です。私たちは、ジェンダー、人種、国家や宗教などによる、人と人との分断の危機に直面しています。世界は、貧しく、飢えて、快適な暮らしのために最低必要な家、食料、電気や水道さえ持たない人であふれています。経済発展を極めた先進国の中でさえ、不平等と不公正が続いています。裕福であっても、自然災害や世界規模の感染によって、私たちに暴力と破壊の脅威が迫っています。地球自体が環境の非常事態へと向かっているのです。

「生きている意味などあるのだろうか？」という疑問を持つ人もいます。誰にも答えは出せないでしょうが、私は人生に価値があると心に決め、人にもそう思えるよう働きかけています。私はいのちを捨てるよりも、この身を奉仕の道に捧げることを選びました。耐え難いときもあり、さまざまな困難もありますが、私は人生に「イエス」と宣言します。この道を歩みながら、私は自分自身の「スーパーパワー」を見いだしました。私は、思ったよりも大きな勇気とコンパッションを発揮することができるとわかったのです。

私たちは皆、ヴァルネラビリティ（開かれた弱さ）を感じています。多くの人が、未来への愛と幸福の望みを失っているのです。リーダーたちも救ってくれないのを知っています。テクノロジーも解決してはくれません。魔法も起こりません。では、どうすればいいのでしょう？　逃げ出して社会から身を隠すこともできます。それとも、傷ついた心を抱きしめるでしょうか。状況がどれほど大変でも、生きることと生き方を選ぶことは可能です。

ヴァルネラビリティの中に、初心の鍵になる目覚めの種があります。私たちは、新鮮な目で世界をとらえ直し、驚くべき可能性に踏み出すことができるのです。目覚めは、人生の喜び、不思議、美しさへの無限の可能性をもたらします。こうした眼差しが、自分と人へのコンパッション（思いやり）を生み出します。私たちは、人間の能力と社会変容の新たなヴィジョンによって、世界の暗い見通しを乗り越えていくことができるでしょう。

ヴァルネラビリティの経験は楽ではありません。恐れによって執着していた、今までの安泰で安心な世界観を手放し、未知の冒険に出なければならないからです。そんなことができるだろうかと、多くの人は思うでしょう。私も確信はありませんでしたが、これこそが自分と人の癒しの道であると、そのようにして現実を生きる姿勢を見せてくれた多くの人の教えによってわかりました。

ハートフルネスは、人生の終末に近づいた人たちの「残念だ。死に向かい合って、私はやっと自分の生き方を見つけたところなのに」という言葉に導かれました。人生は終わりなき学びの連続であるはずです。その旅は、最後の一息まで続きます。それが人間の定めなのです。

私たちは、人生のあらゆる瞬間に訪れる学びの機会をつかみ、向上していくことができます。私の仕事は、死や喪失など何か取り返しのつかない事態が起こる前に、人生での大きな課題をお互いに学ぶ手伝いをすることです。人生は、最後に至るまで日々の試練を与えますが、私たちは学び続け、変わり続けることができると思っています。

本書では、新しい生き方に向かって目とハートを開き、自分を覆うベールを取り去り、見えてくるヴィジョンに従うことに努めてきた、私の活動の一端を紹介します。

目の前に日々課題はやってきます。私たちは、まだ見ぬ隠れた可能性を引き出し、解放するために、自分と世界に働きかけられるでしょうか？　人間どうしの新しいコミュニケーションに支えられ、愛に導かれて、ハートによって生きることができるでしょうか？　思いやりと、勇気と、やさしさと親しさを持ち、人生には意味と目的があるという価値を信頼して生きることができるでしょうか？　私はその可能性を信じます。

本書があなたの旅の良きガイドとなりますように。もしよければ、読んだあと誰かと話してみてください。学びは人の間で最良のものになるからです。さあ、始めましょう！

スティーヴン・マーフィ重松

スタンフォードの心理学授業

ハートフルネス

祖母に

To my grandmother

はじめに

Preface

「あなたをお待ちでしたよ」、老師は言いました。待ってくれていたことを私は知っていました。

私は遠い道のりを会いに来ましたが、祖母の光《みつ》はその人生ではるかに長い旅路をたどってきたのです。老師は仏教による数え年で祖母を１１３歳と言いましたが、実際には１１１歳でした。齢《よわい》を重ねた体がついに終わりを迎えるときがきたのです。

アメリカで祖母の容体を伝える知らせを受けた私は、そのままあきらめきれず、祖母に会うために日本へと発ちました。これが最後かもしれないという重い気持ちを抱えて、私ははるばる太平洋を越えました。

ようやく祖母の部屋に到着し、その小さな体に対面したとき、すでに意識がないその様子に落胆を覚えました。ここまで来たのは無駄だったのだろうかと思いながら、しばらく私は祖母を見つめていました。

けれど「おばあちゃん」と声をかけると、祖母は目を開きじっと私を見たのです。「ぼくだよ、スティーヴン」。わかったとみえて彼女は目を閉じました。何度か同じことを繰り返したあと、祖母は深い眠りに落ちたようでした。

その場の緊張感からしばらく逃れたくて、私は暮れなずむ屋外へと足を運びました。そぞろ歩く近所には、焼き魚の匂い、テレビニュースのつぶやき、家へと向かう自転車の学生たちなど、さまざまな光景や音や家庭の匂いが満ちています。

散歩から戻ると、祖母の容体は大きく変わっていました。看護師に聞くと、食べものや水さえ受け付けないと言います。呼び込まれた医師は診察を終えると、祖母の状態は「山頂に近い」と告げました。耳慣れない表現でしたが、私はすぐに理解しました。医師が退室し、私は祖母に寄り添いながら待ちました。聞こえるのは彼女の荒い息遣いのみです。何時間かそうするうち、私は疲れて眠りに落ちました。

ほんのわずかな間のあとで、私は奇妙な静寂に目覚めました。終わったのです、祖母のこの世での長い旅路が。いのちが去った体をじっと見て、祖母がもうここには居ないと知りました。

葬儀の終わりに、遺族が祖母の遺体、とりわけ顔のまわりに花を散らしてから棺の蓋は閉じられます。それから私たちは火葬場へと移動しました。火葬場では、遺体が焼却炉の中へと送りこまれ、スイッチが入るところまでを見ていました。恐いことなどありませんでした。遺体にはいのちがないし、それは祖母ではなかったのですから。今彼女がどんな姿で存在しているにせよ、明らかにその体にはいないのです。

母は日本まで飛ぶことが叶わず、私がただひとりの孫として喪主に指名されました。大勢の参列者が私のところにやってきて、祖母がいかに広い心の持ち主だったかと告げました。彼女がいかに気配りにたけ、人の気持ちを斟酌《しんしゃく》し、惜しまずに与え、家族や近所のために何でも引き受けたか、私も知っていました。

いとまを告げ空港へ向かおうとする私に、老師はもう一度言いました。「あなたのことを待っていたんですよ。来ていただいてよかった。おかげでおばあさんは、安心して旅立つことができました」

今思っても、祖母が私を待っていたことは神秘です。祖母は私に、「すべては大丈夫」という最後のメッセージを伝えたかったのかもしれません。彼女は大丈夫、私にも不安はない。私たちはとても深くつながっていました。

20代の私は、行く先の見えない若者でした。そのころ祖母のところに行きたい気持ちがつのり、日本の田舎の家に居候させてもらったのです。そうして元気を取り戻し、生き直すことができました。祖母は私の面倒を見、人生についてたくさんのことを教えてくれました。私は祖母の驚くような生命力を吸収しました。

教えられたのは、生きていることはすばらしいということ、ありのままの自分を受け入れること、人生への感謝、自分の役割に力を尽くすべきことなどです。畏敬する父が私を見て「変身した」と漏らしたように、私の人生は根本的な変化を遂げました。

祖母の逝去によって、私の中には故郷へと引き戻される新たな感覚が生まれました。それは先祖の伝統とのつながり、本来の自分の想起です。祖母の人生を思い出すと、彼女がどれほど愛情にあふれた人だったかわかります。葬儀では、多くの人たちが「こころ」という言葉によって、気持ちや、思想や、精神性を含む、祖母の人格のすべてを語っていました。

そのていねいな生き方、やさしさや責任感にもっとも近い意味を英語によって表現するなら、「Heartfulness（ハートフルネス～思いやりに満ちた心）」でしょう。

今はっきりわかるのは、私は長年にわたってハートフルな生き方という祖母からの学びを人に教えてきたということです。初めのころ私はそれを、人生観を背景にした物語を語る、つまりナラティブと呼んでいました。やがて「感情的知性（ＥＩ）」という言葉を使うようになり、最近では「マインドフルネス」と言うようになっています。すべてこれらは、思考よりもハートを中心とする生き方の描写です。私はこれまでハートフルネスという言葉は使わずに、さまざまな文脈によってそのことを教え続けてきました。

私のハートフルネスの取り組みの結果を見ると、それは日常生活の中でこそ意味を持つということがわかりました。アメリカ、日本、シンガポールの公務員を対象に私が行った研修は、「憶えた先から忘れてしまう」のではなく、「ハートにとどめる」ためのものでした。

大学や高校の学生は私の授業を、心に残るような生涯の学びが起こる「変容の授業」と呼び、医師やカウンセラーやコーチなども、ハートフルネスの講座のおかげで共感と敬意が育ったと述べています。

私はそうした反応に励まされ、人の苦しみを癒し、病んだ社会と破滅的な世界を回復させるために、たとえ小さくても一刻も早くできることをしなければという気持ちに駆り立てられました。

目覚めた目で見るならば、私たちが、人類の生命、子どもたちや未来の世代ばかりか、この地球の存続までもが脅かされる危機的状況の中に生きていることがわかります。物質的な繁栄と達成のさなかにいながら、周囲には、あてのない競争に心を捨て盲目的に突進する者、落ちこぼれて立ちすくみ幻滅する者——苦悩する若者たちがたくさんいます。

私は、電車の鋭い警笛を耳にするたびに心の平安を乱されます。息子の高校の10代の若者のうち1年に5人もが、我が家のそばを走る鉄路に身を投げ、いのちを落としたことを思い出すからです。

この無力感は、世界中の多くの人が感じている傷つきやすさ（ヴァルネラビリティ）の反映であり、それは同時に、世界の人々に対して自らの家族と同じように愛と思いやりを持てるかどうかによって、私たち自身の安全が許されることに気づかせてくれます。

人類の生き残りは、私たちの世界市民という意識にかかっています。有意義な人生を送るための祖母の教えが、今こそ意味を持つことを知って、私はそれを世界各地でさまざまな人たちに伝えてきました。

その祖母が残した教えのいくつかを、精神的な導師や先達の言葉と合わせてまとめたのが本書です。読者の理解の助けになるように、随所にストーリーをふんだんにちりばめました。私もそうですが、祖母もストーリーを好んで語りました。そうしたストーリーが読者に意味を与え、理解をもたらし、人生全体を俯瞰することを助け、ハートフルに生きる指針になれば幸いです。

読むだけでなく実践することも欠かせません。本文の主旨を日常生活に応用できるよう、各章の末尾にはエクササイズを付してあります。

私の書いたものが受け取ってもらえず誤解を与えるのではないか、もっとも大切な考えは口で直接伝えねば意味がないのではという恐れも、歳を重ねたおかげで乗り越えられました。細やかな心を持つ書き手は、誠実な自己描写によって、暗闇に光を求める人々に新たないのちの息吹をもたらすはずです。著作家は自らの信じる真実を生き、語り、頭ではなく深い智慧を育むこと――それが私の信条です。私たちは、創造的で継続するいのちのプロセスに合流することで、生き抜いていけるのです。

もっとも個人的な事柄がもっとも普遍性があるはずです。それを確信して、私は祖母の智慧から受け取ったストーリーを語ります。これは祖母と私の間の物語であり、だからこそ私はこの生き方を選んだのです。自らの人生を振り返り、人と話し、意識的に選択するなら、誰の人生にも同じことが起こり得るでしょう。賢く見られたい誘惑にもかられつつ、ここでは知り得たことを――それ以上でも以下でもなく――語るよう努めます。

本書では、私のためにいのちを捧げた祖母をはじめとする人々の愛情によって、今の私が可能になった経緯や、今の私自身についてのストーリーを語っていきます。これまでの人生で私は、数えきれないほどの師に恵まれてきました。本書で紹介した人もいますし、記憶の中に存在する人もいます。彼らの愛と導きの光によって私は人生を歩んできました。ですから私のストーリーはそのまま彼らのストーリーなのです。

グレイトフル・デッドの「リップル」[1]は、「ぼくの道が見つかれば、君を連れて帰るよ」というフレーズで閉じられています。それは、一人ひとりが自分の故郷への道を探さなければならないというメッセージです。私はいつでも家路をたどる途上にいるのです。

道のりはどんなときでも楽ではありませんが、ハートフルネスは私の人生を驚きと真実と美で満たし、導き続けてくれました。きっと、あなた自身の家に帰る道も見いだせるに違いありません。そして、思いやりの力はあなたや社会を変容させ、人と世界に平和をもたらすことでしょう。

スティーヴン・マーフィ重松

スタンフォードの心理学授業　ハートフルネス

目次

Contents

Introduction

序　章

ハートフルネスへの誘い

マインドフルネスを語るとき、それが同時にハートフルネスでもあることを知るべきだ。事実アジアの言葉では、マインドとハートは同一である。ゆえに、ハートフルネスという言葉を聞いたことも実感したこともないなら、マインドフルネスという言葉を見たり使ったりするときにも、その本義を取り逃がす可能性が高い。[1]

――ジョン・カバット・ジン

先祖を誇りにしていた祖母は、アメリカの爆弾によって家が焼かれたときに失われた家系図の巻物のことを話してくれました。私の家系を遡ると、平安時代にもっとも強大な権力をものにした藤原道長に至ります。また、先祖の中には、一国の城主である松本左衛門もいました。

祖母は最後の侍の世代である曽祖父のもとで育てられました。祖母の記憶の中の彼は、背丈があり、脚が長く、色白で鼻が高くて眼は落ちくぼみ、まわりからは外国人のようだと思われていました。私自身もよく外国人と見られたりするので、祖母から「ひいじいさんにそっくり」と言われるとうれしかったものです。

祖母は彼の威厳を持った立ち居振る舞いや、富や権力を持ちながら「しかるべき家の出でない」人々にも謙虚に接する態度を称賛していました。曽祖父は、親切で、寛大で、穏やかな物腰の真の紳士でした。

彼のように物静かな人物は、その時代にはとりわけ称賛されましたが、祖母はいつもそばにまとわりついてたくさんの質問を浴びせました。曽祖父は「そんなのはどうでもいい、言ってもしょうがない」と一蹴することもあれば、一族の本当の苗字が「重松ではなく山本である理由」を話してくれたりもしました。

曽祖父の身分は、侍としては高位の旗本でした。つまり将軍が信を置く武士であり、徳川家康直属の家臣です。彼と彼の弟は、天皇を守護する軍団が反逆の狼煙《のろし》を上げたとき、大きな戦乱に巻き込まれて傷を負いました。弟の刀傷は癒えたものの、のちに彼はコレラで亡くなります。

曽祖父は手首に当たった刀によって傷を負い、退散せざるを得ませんでした。馬に乗って海辺まで走り、海岸で小さな釣り船を買い、１００人の仲間とともに漕ぎ出して、友好的な侍の治める安全な別天地にたどりついたのです。それから数日後、彼らは四国の港に到着します。そこで自分の出自を隠すために、名を重松と改めました。

祖母の記憶の中には、曽祖父が機嫌のいいとき庭で腰を降ろしている光景があります。目の前に差し出した刀に打ち粉をふりかけ、その刃をじっと見ている姿です。突然ひゅうという音を立てて、刀が宙を切りました。彼は祖母に、自分が武士の生き方である「武士道」を貫き、日々の作法の中で死を見つめることは武士の道であると教えました。

「毎日朝夕ごとに、わしは自分が死んだものと思って死を見つめる。そうして心を静めるのだ。体がすでに死んだとして生きることができれば、より良く生きられるのだよ」

曽祖父は、死は恐くない、死ぬことを願っているくらいだと言いました。その一方で、大自然の不思議や桜の花のはかなさなど、ものの無常とひとつになる美しい瞬間を愛でました。花々と同じく人間も死すべき運命にあるという事実の中に、一呼吸に、一杯のお茶に生きる秘訣が隠されています。

これが一期一会《いちごいちえ》――この瞬間のみの一度きりの出会い――ということだと祖母は教えてくれました。人生においてその機会は一度きり、ゆえにその一瞬を大切にすべきという言葉です。日常生活の中では、すべてを心にとどめ、その場その場の出来事をなおざりにしないということです。これらの教え――死を受け入れ、毎瞬ごとに精一杯生きる武士道の精神によって、私は元気を取り戻しました。

祖母は、中国で何千年もの昔に生まれた漢字を使って、人生の教訓を説くのが好きでした。漢字の意味は長年変化し続けたので、現代人の多くは漢字を分解して意味を解明することができませんが、祖母はその豊かさを理解していました。私もまた漢字に強く惹かれました。

教えられた字のひとつに、多忙を表す「忙」があります。それはふたつの部分から成り、左が心で右が死を意味します。思考や行為でいっぱいになってこの瞬間に心がないとき、私たちは真に生きていないのだと祖母は言いました。「忙しい」とは頭が思考でいっぱいな状態で、そうなると今この瞬間に気づくマインドフルネスを失い、人に対しても上の空になります。マインドフルに今ここを生きていれば、私たちはもっとも生き生きしているということがわかります。

ほかにも祖母は、死と心を象徴する似たような部分によって構成された「忘」という字を教えてくれました。それにもはっとさせられました。忘れるという意味ですが、祖母はたくさんの意味を含んでいると言います。その中心には、自分自身、つながりのある人間関係、先祖の存在を忘れたとき、私たちは霊的な死に瀕するという意味があります。つまり自分自身と自らの出自を忘れなければ、私たちはいのちを得ることになるのです。

マインドフルネスの反対はフォゲットフルネス（心ここにあらず）です。自分の本性である心といのちを合わせた漢字「性」が表すように、自分が生きていることを忘れてはなりません。

祖母によると、「忘」という漢字が気づかせるのは、自分が生きていることを思い出し、すべきことを忘れず、ハートによって生きるということです。私たちは学んできた教訓、年長者の教え、自分がもっとも生き生きとしていたときのことを忘れないようにすべきです。意味と調和、つながりと全体性を感じていたときのことを思い出せば、私たちは癒されるでしょう。

気分がふさいで気落ちしているときには、自分が死の方向へ歩み、いつかは死ぬのだという事実を忘れ、永遠に生きると思っているからそうなるのです。武士道は、死の意識を日常に取り入れるよう教えます。死を迎える時期や肉体の死を考察するのではなく、人生の背景に死が存在することをつねに意識するのです。

自分が死にゆく存在であるという気づきをどんな瞬間にも忘れず、今ここに完全に生きるには努力が必要です。死は人を武士に変えます。死が身近である気づきとともに生きれば、私たちは注意深くなり、生き生きとしてきます。

祖母による語りは、思いやりに満ちた智慧がストーリーによってこそ伝達されるものだと、私に教えました。ストーリーは、自我を超えてすべてとつながる霊性を伝えることが得意です。それはハートの言葉で語ります。ストーリーが運ぶのは、神秘と奇跡、人生の冒険です。言葉によって私たちを真実へ、知識へ、美しきものへと導くのです。

私はたくさんのストーリーを記憶していますが、ここではとりわけ私のハートフルネスを育ててくれた3つの物語を紹介しましょう。これらは私の本質、私が関わる人々、私の天職を明らかにしてくれました。

日本人である私

最初にお伝えしたいストーリーは、記憶に残る子どものころのサマーキャンプの冒険物語です。キャンプに行けば楽しいことばかりが起こると思っていました。年上の親友のふたりが参加するのでどうしても一緒に行きたくなり、私は父親に年齢をごまかして参加できるよう懇願しました。私は7歳でしたが、参加資格は8歳以上です。恐いもの知らずの私を認めていた父は、頼みを受け入れ、2週間の泊まりがけのキャンプに行けることになりました。

そのラッセルキャンプは、想像していたのとは大違いでした。ボーイズクラブのキャンプには、町中からやってくる乱暴な男の子がいっぱいだったのです。私が近づくと、彼らがお互いに耳打ちするのが聞こえます。ワル仲間が「おい、ジャップ！」とか「チン・チョン中国人！」という叫びを浴びせてくるのです。彼らは笑いながら中国人のものまねをしてきました。

私は恐くてどうすればいいかわかりませんでした。それで、何も聞こえないふりをしていました。誰も私には近づかず、あいつは空手をやっているから気をつけろと言ってからかわれているのがわかりました。じつは空手を知らないのですが。彼らにそのつもりがなくても、私は殴られるのではないかと恐れていました。その子たちの表情や言葉に表れた嫌悪に怯え、恐れに圧倒されていたのです。

私は暴力を避けていたのですが、友人たちは違いました。11歳のジョーイはその年頃でもう髭を剃り始めていましたが、ショーンに髭が濃いとからかわれ、自分がかみそりの刃を持っていることも忘れて腕を振り上げました。自分の首から吹き出す血を見てショーンは叫びました。ジョーイはヒステリックに声をあげ、気がふれたみたいに謝り続けます。

ふたりとも家へ帰され、私ひとりだけが残りました。年長の子どもたちのキャンプに参加しようとした大胆さはすっかり消え失せていました。それが、家族や友人たちと離れ、ひとり自宅以外で過ごした初めての経験です。私はホームシックにかかっていました。夜暗くなったキャンプ小屋のベッドの中で、母や父、姉と一緒に家にいられたらどれほどよかったかと願いました。

開始から1週間たって、両親が訪ねてきました。うちには車がなかったので、どうして来られたのか不思議です。「キャンプはどうだい?」と聞かれて、「うまくいってる」と嘘を言いました。強い子になりたいと思っていたのに、苦しさに耐えきれずにすすり泣きが漏れました。私はうなだれ、小さな体を震わせて泣きました。

それ以前に泣いたことがあったかどうか、記憶にありません。父親は決して泣かない人で、私も泣きませんでした。うちでひとりだけの男の子として、私には父から強さが期待されていました。私も父に弱くて意気地のない子だと思われたくなかったのです。けれど父の腕に抱かれ、その広い胸に抱きとめられると、すべての感情が噴き出しました。

私は言葉少なに、悪口を言ってきた子どもたちのこと、ふたりの友人が帰ってしまったことを説明しました。「安心しなさい、戻ってきてもいいんだよ。ここにいることはない」、父はやさしく言いました。しかしその言葉を聞いたとたん、家へ帰りたい気持ちは消え失せました。

落ち着きを取り戻して涙をぬぐったあと、私は両親にキャンプに残ると告げました。午後の間しばらく両親は滞在を延ばし、我が子の気が変わるかうかがっていましたが、私の決意が固いことがわかるとふたりだけで帰っていきました。私は最後の1週間、ひとりで残ることになりました。

このストーリーはさまざまな解釈ができます。それは、私を鍛錬した火になぞらえられる、トラウマの物語ともいえるでしょう。私は傷つき、心に癒えない怪我を負った被害者である弱者になりました。それは、どちらかといえば平穏無事だった人生における成長期の体験でした。

またそれは、傷つきやすさ（ヴァルネラビリティ）と勇気のストーリーでもあります。傷つき体験によって私は自分を取り戻し、自らの本心に正直になろうと決意しました。幼くはあっても、私は自己防衛と尊厳を保つことの何たるかを知っていたのです。

この出来事は、本来の自分を思い出すきっかけでした。人生の初期において、日本人であることは私にとって極めて重要な要素になりました。文化的伝統や精神の源泉とのつながりこそがハートフルネスであり、ハートフルネスが私を先へと運んでくれることを信頼しました。自分の勇気と周囲の援助によって、それまで自分が成長してきたこともわかりました。また、子どものころの記憶が保存された無意識の領域に、心の一部分がどのように押し込められたのか、自覚しました。私にとって癒しとは、暗がりに隠れたそんな記憶を思い起こし、認めることです。記憶が光で照らされれば、それはより統合されたものになるのです。

「獅子吼《ししく》」という仏教の言葉が思い出されました。自分の傷つきやすさを持った記憶につながり、深く感じれば、そのエネルギーを今ここで体験することができます。自分の内なるエネルギーへの怯えを克服すれば、人生全体への恐れがなくなります。獅子吼とは、自分の感情を含めたすべてに打ち負かされず取り組んでいくという、勇気ある宣言なのです。[2]

ハートフルネスは、多様なスピリチュアリティの智慧の上に成り立っています。私は、マインドフルネスとその精神的源である禅を統合することに関心を寄せる人々とつながりたいと思っています。禅の修行者には、マインドフルネスには精神性が不在であると批判する人もいます。一方マインドフルネスの実践者にも、禅が一般人の現実から遊離しているという意見があります。

２０１７年の９月に鎌倉市で開催された国際会議「Ｚｅｎ２・０」には、僧侶、マインドフルネスの講師、その関係者などが一堂に会し、禅と西洋のマインドフルネスの実践をどう結びつけ、生かしていけるかを学びました。

最近私はアジアの多くの地域をめぐることで、マインドフルネスと文化の関わりが明確にわかってきました。一般に理解しやすくするために、西洋のマインドフルネスはその多様な文化の源を切り離すことで広まりました。しかしそうすると私のような人間には、本当の精神的基盤が失われてしまうように感じられます。

私にとって日本の文化的伝統は、マインドフルネスの理解と実践に深く結びついているのです。マインドフルネスがどのように文化や哲学や言語に表れているか、日常の儀礼や習慣に取り入れられているかを見れば、それに対する理解が深まるでしょう。ハートフルネスによってこの結びつきは、さらに中心的で重要なテーマに変わります。

ふたつの文化に生きる私

もうひとつの私の成長期のストーリーは、幼少期の家族との記憶の中にあります。朝食の時間に両親がいつものやりとりをしていました。

「窓が汚れているわね」、まず母が口を開きました。

父は新聞とコーヒーカップから目をあげ「ああ」と答えます。

「長いこと洗ってなかったから」と母。

「そうだな」、父がぼそっと言います。

そのあと子どもたちは学校へ、母も仕事に出かけ、父だけが家に残りました。

その夜の食事時、母の機嫌がすぐれません。父はとうとう切り出しました。「どうしたんだ？」

「何も」

「いや、どうも様子が変だぞ」、父は食い下がります。

それでも母は、「何でもないです」とかたくなでした。

父には母が何か心に隠していることがわかっていました。「ねえ、どうしたっていうんだい？」

母もとうとう折れて「わかっているはずよ」と言いました。

「何が？　言ってくれよ」

「窓を洗ってくれなかったでしょう」

「言わなかったじゃないか」

「言ったわよ」

「聞いてない」

「確かに言った」

「いつ？」

「今朝よ」

「なんて？」

「窓が汚れている、って言ったはずよ」

「ああそうか、でもそれは『窓を洗ってほしい』と頼んだわけじゃないよね」

「長いこと洗ってなかった、とも言ったはずよ」

「洗ってほしいなら、ちゃんと『窓を洗って』と言うべきだろう」

母はとうとう言い放ちました。「聞いてなかったというわけね！　窓が汚れていると言ったのに。どうして『洗ってください』とまで言わなきゃならないの？　汚れていれば、誰だってすべきことがわかるはずよ」

母と父のコミュニケーションの食い違いは、人間が物事を言語で表す必要性と、言葉の無力さを同時に気づかせてくれます。

ふたりの言葉に対する重きの置き方はかけ離れていました。母は、女の子は物静かであるべきという厳格な家風のもとに育てられました。子どもたちは微妙で間接的な、持って回った人間関係の技をしつけられ、行間を読み取り、人から言われなくてもわかる智慧を身につけるのです。言葉は細かい心の綾の表現には不要だったり、適切でないと解されることもしばしばでした。彼女のコミュニケーションのあり方は、いわば「すべてを言葉で表すことなどできようか」と言った俳人の芭蕉の精神と同じだったのです。

父は、アイルランド移民の両親のもと、アメリカで育ちました。彼は、ぴったりくる言葉さえ見つかれば何でも伝わるはずと信じていました。大変な読書家で片時も辞書を離さず、いつもページを繰りながら単語調べをしていました。また、大仰な様子で詩を読みました。彼のユダヤ教とキリスト教が交じった文化の中では、「言葉は神であった」と聖書に書かれている通り、言語は神聖なものなのです。

このストーリーは、私が幼少時に、ある意味でまったく違ったふたつの文化によって育てられたことを思い出すきっかけになるでしょう。日本人の母とアイルランドの血を引くアメリカ人の父のもとに生まれた私は、人生の初期からふたつの文化の中で育ちました。この交じり合いが、私の人生の主要なテーマになったのです。

そのテーマがやがて職業にもつながり、私は混合文化の領域の草分け的な研究者になりました。私はそうした経緯から、ふたつの視点によって物事を観察するようになりました。人から日本人なのか、アメリカ人なのかと尋ねられたら、迷いなくその両方だと答えてきました。人は現実を、これかあれか、白か黒か、日本人かアメリカ人かなどとはっきり整理したいので、その答えは必ずしも歓迎されませんでした。

若いころから私は、人には違ったあり方、行い方、考えや感情があり、どれが正しいとか間違っているということはないとわかっていました。人生では「どちらか」であることは稀で、「どちらも」であるほうが普通だと身に染みていたのです。私は経験から、さまざまな要素が入り交じっているのが人間の本質だと知りました。私たちは神になろうと望むことができる一方で、不完全な人間であるのも事実です。すべてがひとつである真実を見つめながらも、エゴのとらわれになるという、ふたつのリアリティを生きているのです。

私たちには人間として限界がありますが、その限界を超える智慧と愛を持つこともできます。私は、家族、教え子たち、祖国でさえも、不変ではなく変わりゆくものだと知りました。それでも私は、それらすべてへの強い思いを否定することはできません。

マインドフルネスの実践によって私は、人間とは基本的にいろいろな要素が混合した存在であり、両極の間にあるものなのだという古くからの智慧に触れました。私自身の混血と、多国籍と、多文化の経験と出自からの学びから、ハートフルネスの考え方が生まれました。人間を形作るものの核には、パラドックスとあいまいさが存在します。失敗がじつは成功で、苦しみが喜びとなり、自らの至らなさこそがまさに完全性への切望につながるとわかるときもあります。このさまざまな交じり合いの意識から気づくのは、私たちはあいまいな心の影の部分を受け入れることで、初めて光が見えるようになるということです。

私自身の道

ハートフルネスの3番目のストーリーは、臨床心理士を目指して学んでいたハーバード大学在学時の思い出です。ジョージア州サヴァンナ市の教育組織に雇用された私のグループは、市内の子どもたちの無作為テストに携わりました。のちにわかったことでしたが、学校群の最高責任者は、学校でアフリカ系の生徒の知能が低いと思われていることに疑問を持っていました。実際には彼らの知能が平均値に達しており、学校でもそこそこに成績が保てるのではないかという思いがあり、それを証明してほしいというものでした。

そうした結果が得られれば、白人の教師の多くが授業の水準を引き上げ、生徒に期待を寄せ、生徒の成績を向上させる動機につながるとにらんだのです。数か月後のサヴァンナの新聞のコラムには、「ハーバード大学の研究により、サヴァンナの子どもの知能指数は平均値に達していると判明」という記事が掲載されました。

あるとき私は、ジェロームという12歳の黒人の男の子の知能テストを実施しました。項目は語彙についてで、選んだのはジャスティス（公正さ）という言葉です。反応を見せないジェロームに、私は「ジャスティス」と繰り返しました。彼は薄ら笑いを浮かべ答えません。「ジャスティスってどういう意味かな、ジェローム?」、3度目に聞いて次にいこうとしていた私に対して、彼は「何にもわからない!」と漏らしました。

私は驚きました。見直すと、いたずらっぽく笑っています。私は居心地悪さを忘れようと次へ移りました。

それは、自分が公正に扱われていないという意味でした。彼は、自分が黒人として不公正を押しつけられているという、深い自己理解を表明していたのです。

その夜彼のテスト結果を評定していたとき、その評価基準に「まったくわからない」という項目が見当たらないことに気づきました。2点でも1点でもなく、それは0点の答えだったのです。ジェローム自身はっきりと答えがわかっているのにもかかわらず、この質問については0点なのです。「この評価システムにどんなジャスティスがあるのか?　誰が質問と答えをつくるのだろう?　この試問で、どういった生徒が高得点を得るのか?　どんな生徒が高得点を逃し、知能が不十分と決めつけられ、特別支援教育に割り振られるのだろう?　これまでジェロームに知性を認めた者はいなかったのだろうか?」、私は自問しました。

このストーリーを書きながら、私が現実の多様性と社会的公正にどれだけ情熱を燃やしたかを思い出しました。私にとってハートフルネスとは、のけ者にされ、軽んじられ、平等な権利と公正な扱いから漏れた人たちに目を向けることなのです。

マインドフルネスの分野で私が公共で活動し始めたのは、比較的遅い時期でした。アメリカでは、マインドフルネスやヨガの世界は白人中心で、その人たちには人種や性差別を超越しているという意識がありました。しかし、現実には人種差別や性差別で苦しんでいる人たちがいて、それを無視する可能性をはらんでいるということです。いろいろな人種が参加できるマインドフルネスの場をつくろうとする動きに私は力づけられ、そういう人たちとつながっていきました。

私は、人生でもっとも大切なことと比べれば人種のことなど無意味という人たちと出会ってきましたが、人種問題は多くの有色人種の日常にとってはとても重要です。黒人であることはときには生きるか死ぬかというほどの問題になります。ハートフルネスは、人の多様性に対する意識と理解を深めていく道です。ハートフルネスを個人的にも仕事のうえでも大切にする人たちは、マインドフルネスに多様性をもたらし、マインドフルネスを誰にも参加できるものにする働きをしていけるはずです。

一般的に知られるマインドフルネスは自分中心の印象を与えますが、そうした内面的な取り組みは、より集合的で、共同の、つながりを大切にするあり方としてとらえ直すべきでしょう。「私」から「私たち」へと移行すれば、他者に対する関心は広がり、それがより多くを受け入れる輪になっていきます。マインドフルネスで培われた個人的な成長も、育つことができる余地や場所が与えられなければ阻害されてしまいます。

社会を変容させていく試みは、個人の内面に平和を培うことから始まります。相互関係への意識を持ち、思いやりと責任を結びつけ、世界の苦をやわらげるために行動することで、ハートフルネスの展望と生き方は慈悲へと拡大していきます。

ここでご紹介した3つのストーリーは、私が何者で、何を信じ、何のために生きるのかを確認するための真の良薬です。

初めのストーリーは、私自身のルーツを見いだす故郷への旅によって満たされた心を育んでくれました。とりわけ青年期に日本に移り住んで祖母とともに暮らし、日本の人々や文化に深く触れたことが、私を精神的な源に結びつけたのです。2番目のストーリーは、学問の道の基礎を築いた時期のものです。そこで私は複合的なアイデンティティを研究し、完全さと不完全さという現実の二重の真実を知ることになりました。そして3番目のストーリーは、社会的公正と多様性という私の生涯の取り組みの基礎をつくり、行動する愛という表現を知るようになりました。

私はこうしたストーリーやその他のさまざまなストーリーに真実を教えられ、それらが自分の物語を持つ人々が語り出すきっかけになることを知りました。これら3つの物語は、ハートフルネスの基本的な要素が、マインドフルネスと、コンパッション（慈悲・思いやり）と、責任であることを示しています。ハートフルネスを育てる道は8つです。それは初心、ヴァルネラビリティ（開かれた弱さ）、真実性、つながり、深く聴くこと、受容、感謝、そして奉仕です。

なぜ今ハートフルネスなのか？

ハートフルネスに触れると、そこからマインドフルネス、コンパッションや責任というあり方が見えてきます。マインドフルネスという一語だけでは、マインドフルという意識状態がどのようにコンパッションにつながり、現実の中で思いやりとして働くのかうまく説明できません。ハートフルネスは、オープンで明晰なあり方によって生きる大らかさ、自らへの正直さ、すべての存在への共感によって行動すること、周囲の世界に参加し共振することを表しています。

「コンパッション（compassion）」という言葉の直訳は、「ともに感じること」です。そのためには、まず自分の今の感情を感じ、辛さややさしさに心を開くことが必要です。

今日のマインドフルネスの動きには、大きな可能性があると思います。マインドフルネスのプログラムは、学校、ビジネス、行政機関などさまざまな場で導入され、ストレスを軽減し、健康な精神状態における能力と柔軟性を養う効果的な学びを提供しています。生物学や、認知的理解、脳の機能面からのマインドフルネスへのアプローチは瞑想への抵抗感を大幅にやわらげ、エビデンスにもとづく研究結果によって、それに一般的な合理性が備わりました。

しかし科学的側面に重点が置かれると、マインドフルネスは利益追求の功利主義に傾き、ハートから離れていってしまいます。知性と意志さえあれば何でも実現できるという幻想に閉じ込められるのです。考えが科学に偏りすぎると、理性や理屈だけでは、真、美、慈愛などは理解できないという真実が見えなくなってしまいます。

テクノロジーへの愛着や科学信仰があるにしても、意味深い人生はそれだけでは決して満たされない、という気づきにはかないません。洗練されたデジタル機器を手に入れ、多く使いこなして生活が進歩しようとも、人生の幸福に必要なものが得られるわけではないことは私たちも知っています。意味ある人生はハートによる精神的なもので、思いやりと寛容さによって満たされるものです。

　ハートフルネスによって私たちは、利益や快楽を追求し、物質至上主義へのこだわりや、そうした価値観や行動を疑いもしないような類《たぐい》のマインドフルネスの限界を、乗り越えようとします。[3] マインドフルネスだけでも今までになかった効果が期待できますが、私たちが自分の経験のレベルにとどまり、狭いストレス低減の領域に満足するなら、その真価は失われるでしょう。科学はマインドフルネス実践の現実的な効果に関しては大きな説得力を持ちますが、ハートが果たす役割も同様に守られ、育てられるべきです。

　マインドフルネスについては、楽しみや悦びを求め、ストレスを減らし、現実の関わりを避けるような、個人的な幸福追求の一種と見なす傾向がいまだに続いています。それが大衆文化の中に取り入れられることで、本来の意味を失う恐れもあります。ハートフルネスは、小さな自我を超えた大いなるものとつながることによって、目的を見いだすことに重きを置きます。ハートフルな生き方は、他者の人生をより良くすることに意味を見いだすのです。

この考え方を、マインドフルネスに関連する日本語の〝こころ〟（心）という言葉が見事に表しています。西洋では、マインドは思考能力でハートは感情や感傷というように別々に扱われますが、東洋では両者は同じです。アジアでは心のありかを示すのに、自分の胸を指さすことがあります。それは自分の脳や自我がつくり所有する心ではなく、周囲の世界と呼応するオープンさや目覚めた意識を意味しているのです。

「ハートフルネス」という言葉によって私たちは日本語のこころに引き寄せられ、マインドフルネスの深い意味に誘われます。こころは感覚、感情、思考、霊性――つまり人間の全体を統合したもので、ハートフルネスにかなり近いと思われます。

ハートフルネスはジョン・カバット・ジン博士の１９９０年代の著作中にも見いだされます。そこで彼は、マインドフルネスによるやさしさと、感謝と、育みを含むあり方として、ハートフルネスという表現を示唆しています。[4] それからのちにも彼は、マインドフルネスとハートの結びつきを忘れる人が多く、マインドフルネスの核心が疎かにされていることに警鐘を鳴らしました。

ハートフルであるとは、内なる沈黙と静けさによって、開かれたハートを育てること、自分とすべての存在に対してより人間らしく、思いやり深く、責任を持てるようになることです。

ハートフルネスは、「念」という漢字にも表れています。念は「今」の瞬間を表す上部と、ハートを表す下部の「心」のふたつの部分からなります。それは、今ここに確かに存在する感覚を表しています。ハートフルな状態に生きるとは、自分自身との関係、家族との関係、仕事、さらに広い世界との関係に影響を与えるハートに耳を傾け、内なる声を聴くことなのです。

ハートフルなコミュニティ

アメリカ合衆国で今、ある動きがまさに始まっていることを私は確信する（……）。世の中に対してただ批判したり抗議するのではなく、違った生き方を探し、望むことが始まっているのだ（……）。希望が絶望を凌駕していくのがわかる（……）。それは、あらゆる場所に生まれつつある小さなグループで起こっている。人間性を取り戻す具体的な試みが始まっているのだ。[5]

――グレース・リー・ボッグス（作家・社会活動家）

私が行ってきた心理療法の個人面談のように、マインドフルネスもひとりで行う実践です。しかしハートフルネスは、コミュニティづくりの明確な目的を持ち、オープンに直接人とつながり、自分が大いなる存在の一部であるという気づきを持った集合的な取り組みなのです。

マインドフルネスによって人と深く関われば、ヴァルネラビリティ（開かれた弱さ、傷つきやすさ）と真の自己が現れてきます。つながり、傾聴し、受容することが可能になり、起こることすべてに感謝できるようになります。マインドフルネスは道であり、それに終わりはありません。それは訓練し、行動に移すことです。マインドフルネスは自分自身とのつながりを実感させ、自分を超えた存在、あらゆるもの、すべての人とのつながりに気づかせてくれます。

心理療法家および教師として働く私自身、ひとりだけで学ぶこともできますが、仲間の存在によって実践が可能になり、それによって学びが補強され、伸びていくことを知っています。それこそが行動するマインドフルネスです。

癒しはさまざまな人の集まりの中でこそ進展し、相乗効果が生まれます。そうした環境下では回復の効果が無制限になり、広がり、すべての人が恩恵を受けるのです。現実に存在するグループを重んじるハートフルネスの取り組みは、癒しと他者と共生する学びを可能にします。

実践面では、授業やワークショップによって集まり、誰に対しても開かれたコミュニティづくりを試みます。人が共通の目的を持ち、協力の意志を示し、平等な立場を持つとき、さまざまな背景から来た一人ひとりの深い関わりによって、お互いの偏見が解消することが、研究結果からも現実の経験からもわかっています。[6]

目の前のテーブルを取りのけ、輪になって座り、出席者全員が大切に扱われるとき、日常的な交流の中から意識の変容が生まれます。相手の言葉に注意深く耳を傾け、「あなたを見ています、しっかり聴いていますよ」という気持ちで話を受け止めます。必ずしも突飛で極端な働きかけをしなくても、日常の関わりの中でこそ、魂に触れ、意識が広がっていく体験が起こるのです。多くの場合、学びはわずかな視点の変化から生まれてきます。

こうしたグループの中で私たちは、科学的な合理主義を超えた智慧を受け入れます。論理的思考によって合理的な結論を得るより、経験によって知るのです。そこでは心と体、精神と物質の結びつきを求めます。私たちは過去の条件に束縛される犠牲者ではありません。境界を越えた向こうには喜びがあります。答えを求めるより、今この瞬間に問いそのものを生きるのです。

私たちは、それぞれの声とストーリーを分かち合うことから生まれる、相互理解と相互尊重が基盤の「ハートフルなコミュニティ」をつくろうと意識しています。協力し合う精神は、実践的価値によって育ちます――それは、初心、ヴァルネラビリティ（開かれた弱さ）、真実性、つながり、受容、傾聴、感謝と奉仕です。私たちはともに、人間関係を大切にし、助け合いながら学んでいくのです。

自分の内側の境界、さらに仲間の間や外の人々との境界を越えていけば、まったく違った世界観についても理解と共感を深め、肯定的な面を見るための能力が育つでしょう。私たちは、多様な形のセルフケアと人への思いやり、自分の内なるすべての部分とつながり、他者とつながることで起こる癒しによる幸福感を大切にします。

ハートフルなコミュニティの基礎は、ストーリーテリング（物語を語ること）です。私たちはストーリーの境界を広げ、さまざまなナラティブ（人生観を背景にした物語）のための余地を設け、お互いに思いやりで交流できる道を見つけていきます。誰かのストーリーだけを特別扱いにすることはありません。一人ひとりのストーリーの起源と、それが世界のさまざまな現実経験の中でどのように位置づけられるのか、深く聴き理解しようとします。

ハートフルネスは、人々と、自然界と、精神的な価値とつながることで、人生に根拠や、意味や、目的を見いだそうとする願いを満たしてくれます。現実の中で行動することで自分と世界への責任を果たし、内なる世界と外の世界をひとつに結びつけます。コミュニティの中では自分たちの人間性の価値を認め、大切にしながら、自分の限界を超えることを願い、限界と超越の相互作用を進めるのです。そしてハートとのつながりを深め、コンパッションの輪を広げ、人にすべきことを行っていくのです。

ハートフルネスを育てる8つの道

本書は「ハートフルネス」と名づけたあり方、生き方をまとめています。祖母の教えと私自身の人生のストーリーによって、私はハートフルな生き方を育てる8つの柱を見いだしました。それは私自身の生活の観察、自己の省察、人間の本質の研究、マインドフルネスの実践、カウンセリング、授業、子育て、パートナーシップなど、さまざまな学びから生まれたものです。

それぞれの柱には大きく重なる部分があり、本書の各章のテーマにつながっています。8という数字には特別な意味はなく、私の選んだ項目の数にすぎません。

1 初心
2 ヴァルネラビリティ（開かれた弱さ）
3 真実性
4 つながり
5 深く聴くこと
6 受容
7 感謝
8 奉仕

マインドフルネス瞑想

マインドフルネスを体験するための瞑想です。

1 そっと椅子に腰かけ、両足は床に、手は腿に置きます。

2 目を閉じ、呼吸に意識を向けます。息が鼻を通って体に入り、肺に至るまでの道筋に気づきを向けます。入ってくる空気は冷たく、出ていく空気が温かいことを感じてください。吸って吐く間に、息がどのあたりを通過しているのか気づいています。

3 思考をありのままに観察します。抑圧しないでください。気がそれたら、やさしく呼吸へ気づきを戻します。

4 このエクササイズを毎日5分ずつ、1週間続けて行ってください。1日ごとに少しずつ時間を延ばしましょう。

さらに詳しい瞑想法やコツについて、インターネットでは多くの情報が公開されています。

(www.mindful.org/mindfulness-how-to-do-it)

11 慈しみの瞑想

自分と人に慈しみを送る瞑想です。

1 まずエクササイズーの瞑想を行います。続いて、ハートの中心に注意を向けます。よければその部分に片手、または両手を添えてもいいでしょう。

2 心の中で唱えます。

　私が健やかでありますように
　私が幸せでありますように
　私の心が安らかでありますように
　私が愛されますように

3 ハートの中心に注意を戻し、温かさを感じます。

4 次にあなたが愛する何かの姿を思い浮かべます。たとえば人、ペットなど、生きていても亡くなっていてもかまいません。

5
愛する対象に向かって心の中で唱えます。
あなたが健やかでありますように
あなたが幸せでありますように
あなたの心が安らかでありますように
あなたが愛されますように

6
ハートの中心を意識しながら、温かさを感じます。慈しみが全身に広がっていく様子を思い描きます。慈しみがあなたの体を超え、愛する存在に触れるのを感じます。

7
さまざまな人に向けて慈しみを広げながら、瞑想を続けてもいいでしょう。病気の人、苦しんでいる人、さほど関心のない人、関係性がこじれている人など。

慈しみの瞑想について多くの情報が公開されています。
ggia.berkeley.edu/practice/loving_kindness_meditation

第 1 章

初心

Beginner's Mind

あなたの心が空《くう》ならば、あらゆることへの備えがつねに整い、心はすべてに開かれている。初心者には多くの可能性がある。しかし熟達者にはそれがほとんど見られない。何かを達成しようとする考えがないとき、自分という考えがない。それが真の初心だ。そのとき初めて本当の学びができる。初心とは慈悲心のことだ。心に慈悲があれば、心に限りはない。つねに自分に正直になり、すべての存在に共感し、真の修行が可能になる。[1]

——鈴木俊隆

大学を出たての私は、職もなく、家賃支払いのための収入が必要でした。そこでしぶしぶながらも、マサチューセッツ州ケンブリッジにある公立校の代用教員になりました。アメリカの都市部の公立校の代用教員はたやすいものではなく、私の頭はその日の終わりまで何とかやり過ごすことでいっぱいでした。

町の不良生徒たちの素行は、手にあまるものでした。彼らは始業のベルが鳴ったときからいたずらを仕掛け、その日の罰の終了を知らせる憐れみ深い終業のベルが鳴り、出ていこうとする私の背中に悪態を浴びせるのです。そうした状況を何とかやり過ごす日々から抜け出そうとあがいていた私は、学校へ向かう道すがら良いことを思いつきました。

5年生の教室に決然と踏み込んだとき、気づいた生徒はほんの数人のようでした。私は彼らに向かって、腰を降ろして静まるように言いました――日本語で。皆こちらをじっと見ています。私は繰り返し告げました。彼らの不審そうな表情がにやにや笑いに変わり、質問が飛び交いました。

「何を言ったの？」

「先生、どうかしたのか？」

「何語なのそれ？」

私は信じられない、というふりで言いました。

「日本語だよ、わからないのかい？」

「わからない、日本語教えてよ！」

そこで私は日本語の授業を行い、その日は瞬く間に終わりました。私は「ハロー」をどう言うか、名前をどのように書くか教えました。彼らの興味と注目を引き出すことができたのです。生徒は皆好奇心を持ち熱心に学びました。彼らは初々しい心の、可能性にあふれた初心者なのです。

間もなくして私は安定した職を得て、輝かしき日々のことは忘れていました。そして何年かあとに市内の同じ地域を歩いていたとき、「やあ、先生じゃないか！」と呼び止められたのです。

振り向けば、ティーンエイジの若者が笑っています。

「あんたが、おれたちに日本語を教えてくれたんだよ」

リカルドだとすぐわかりました。今は立派な青年ですが、あのとき日本語の授業に誰よりも熱心で積極的に取り組んだ生徒でした。私はある教師から引き継いだリカルドについてのノートの注意書きを思い出しました。そこには、授業に「反抗的」で「教師に敵対的な」生徒のひとりとありました。けれど私にとっては、やる気があり、ちゃんと学ぼうとする生徒でした。注意深く、よく気づき、意識的で、鋭く見抜く目を持っていたのです。彼は過去にこだわらず、先のことも心配しません。それは人が学び教えるとはいかなることかを知った、忘れがたく鮮やかな経験でした。

リカルドとの出会いの意味は、禅によって深まりました。彼は「初心」を持っていたのです。彼の心は燃えていました。その可能性は無限でした。人がどう思おうと、それで怖じ気づいたり、やれるかやれないかと考えあぐねたりしません。それは無限の可能性です。彼こそ、マインドフルでした。

私の学生時代とは大違いでした。私は先生たちから特別扱いされ、テストで高得点を取り、成績の上位を保たなければと、つねに大きなプレッシャーにさらされていました。勉強自体よりそのほうが重要だったのです。学校は威圧的で重苦しく、テストのための暗記ばかり、受けた授業はおもしろく興味をそそるには程遠いものでした。リカルドが簡単な日本語の学習で感じたはずの学ぶ喜びを、私はほとんど体験しなかったのです。

それよりも自宅で初心を経験したと思います。母は私にいつでも、目を開き集中し、夢想から離れて注意すること、ぼんやりしないで、今すべきことをしなさいと教えました。私にストーリーを語ってくれた父はそれとは異なり、人生の不思議と神秘に目を向け、人と深く関わるようにうながされました。父は永遠の少年で、子どもたちに初心者の目——すべてに好奇心と、気楽さと、強い関心を向けるようにいつも言っていました。自ら生きる喜びを体現し、アインシュタインの言葉「奇跡を無視して生きることもできれば、すべてを奇跡として生きることもできる」を大切にしていました。

しかし社会の中では、辛抱強く物静かで、人の話をよく聴き、公平に接するマインドフルな態度は、変わり者と見なされました。マインドフルなふるまいでからかわれたこともあります。たとえば、意見を強く主張する代わりに、相手の言葉を深く受け止めるとか、ゆっくりと気づきながら食べていることなどです。

ほかの子たちはとっくに次の行動に移っているのに、私だけが花の匂いを嗅いでいたり、犬と駆けまわっていたり、見えにくい暗がりの中でまだ野球をしたがったりといったように。自然に浸っている私の幸せそうな様子に気づいた教師は、私に「自然児」というニックネームをつけました。

私は、マインドフルであることはアメリカ社会では奇妙で滑稽《こっけい》に見えることを知りました。たくさんの考え事を抱えて走り回るのが普通というわけです。私がその瞬間の美しさに浸る様子は、奇妙だと思われたのです。

大人になるにつれて、初心を持つことやマインドフルなあり方が人前にさらされると、誤解を受け、予想もしなかった視線を向けられることが判明してきました。春の晴れた暖かな日のこと、大学生の私は満開のりんごの木の下を急ぎ足で、ハーバードの授業に向かっていました。その道でふと足を止め、マインドフルにそのりんごの花を楽しみました。私は木のもとで立ち止まり、目を閉じて深呼吸しました。うっとりする優美な花の香りがします。私は呼吸に気づきながらそのひとときを楽しんでいました。そうして呼吸を続けましたが、数呼吸するうちに突然声をかけられました。

「何をしているんだ君は？」

目を開いて振り向けば、警官が疑わしそうな眼で見ています。

「何をしているんだ？」

不意を突かれた私は、再度聞かれてこの状況をどう説明すればいいのか戸惑いました。

「いえ何も」以外に出てきません。

「ドラッグでもやってるのか？」

私は「とんでもありません。ドラッグなしでもマインドフルネスがあればいい気分なんです。今ここを味わい、気づきに満ちて目を開き、美を愛でているのです」と言いたかったのですが、ただ「いえ」と、もごもごつぶやいただけで立ち去りました。

マインドフルネスは、日々を多忙で埋め尽くし感情を抑圧している人々と同調せず、一般社会の忙しさとそぐわないので、緊張を生みます。青年時代の私の忍耐強いふるまいは人々をいらだたせ、物静かな様子は心配の種になりました。私から言葉を引き出そうと「もっと手を挙げろ」と指導され、「おとなしくて、恥ずかしがりで、遠慮がちで、のろまで、消極的なのはどうしてだ？」「もっと前へ出て、声をあげ、議論を仕掛けたり、すぐ行動に移し、自分の要求を通せ」とよく言われもしました。

マインドフルネスが歓迎されないときや場違いな状況で襲われる、そうした社会的、文化的なプレッシャーに私は混乱しました。私は、もともとマインドフルな質《たち》だったのかもしれません。しかしつねに多忙を良しとする世界の中で、私は次第にマインドフルネスを疎んじるようになりました。

一期一会

私はリカルドの記憶によって、初心で生きる豊かさを思い出し、気持ちを新たにしました。さらにマインドフルネス探求の途上で出会った手法の数々――ヨガ、瞑想、合気道、マクロビオティック（食養法）、気功――が蘇ってきました。驚きと畏敬の気持ちをもって、東洋医学の勉強も始めました。

祖母は、特別な意味が込められた「一期一会」――一瞬一瞬を大切に生きることについて教えてくれました。私は、すべての人の定めである生死の苦しみへの深い目覚めを求めました。人生でこれが最後と思って、一人ひとりとの出会いを慈しみました。

初めての茶道はうまくいったとは言えませんが、私が一期一会を本格的に体験することになった機会です。亭主（主催者）が心を込めてお茶席を進め、一つひとつの所作に細やかに心を配る様子によって、気づきと場に集中する心を教えられました。一杯の茶を受け取るとき、真のマインドフルネスと集中があってこそ、その香りと味わいはわかるのです。

日常に帰って一期一会を振り返ると、すべては今ここにあるという意味だと思いました。自分に与えられたこの機会を逃してはならないのです。すべての出会いは一生で一度の機会であり、貴重なのだと思えば、時間を無駄にはできません。そのように人生を生きれば、どんな瞬間も豊かな宝物になるでしょう。

日本文化に心酔した私は、改めてマインドフルネスを大切に思うようになりました。何の変哲もない日常の中でも、あらゆる瞬間にいのちと深くつながれば、私たちは真に生きることができるようになります。いのちは今ここに存在し、自分の呼吸に気づきを向けるだけで生きている奇跡が感じられ、内なる安らぎがここに見つかるのだと知りました。

マインドフルネスは瞑想の伝統が生んだものですが、静かな時間を少しでもつくり、何もせずに呼吸に集中することで、日常生活の中でも実践できます。どんな瞬間も実践と成長の機会です。人生のすべての豊かな瞬間への感謝を、そうして育てていくことができるのです。

リカルドとの出会いの変容体験を忘れ、それが長年心の奥にしまわれていたとしても、つねに深く感じ注意を向けることを心がければ、その経験が蘇り、教育の限りない可能性に目覚めさせてくれます。何年ものちにスタンフォード大学の医学部で教鞭をとるよう請われて、私はその体験を思い出しました。文化と医学の重要な学びを聴講生たちに伝える方法を考えあぐねていたとき、驚くべき過去の体験を思い出したのです。そのときには小学校の4年生に対し功を奏したのですが、今度も導入してみることにしました。

その方法が小学生だけではなく医学生にも役に立つとわかって、私の心は浮き立ちました。大学で私は、学生たちを今の瞬間に引きつけるために、これから予想を裏切る仕掛けをすると告げ、ちょっとしたパフォーマンスを行ったのです。

彼らには前もって、私がマインドフルであるよう努めるから、君たちもできる限り今ここに意識を集中するようにと言いました。それは、将来健康に関わるプロとして働くはずの彼らが、患者一人ひとりに注意深く接し、傾聴し、個性を重んじるマインドフルな姿勢を心に刻む体験になったはずです。

私が行ったのは「ディスオリエンティング・ディレンマ」（板挟み状態によって困惑をつくり出す）という手法です。それは自分の予想が裏切られる状況の中で、その瞬間に起こっていることを理解しようと試みながら、新たな可能性を何とか見いだしていく体験です。こうなるはずという予測を疑うことから、学びに対する開かれた姿勢が生まれます。

ふだんと違う状況で日本語を披露するという私の授業は、学生や聴講生に対して、今という瞬間に押しつけではなく自分からマインドフルネスを体験するという成果を上げました。自分自身のありのままの姿を楽しく演出してみせることで、私は学生がその瞬間の出来事に注意を向け、気づきと、受容と、理解を深め、授業に没入できるよう導いたのです。そうして最初に私に向いた注意は、彼ら自身とクラスメイトにも浸透していきます。

知らない言語に出会うことによって学生たちは、限られた知識を冷静に学ぶというより、生涯を通じて自分を見つめるためのヴァルネラビリティに触れられます。それが教育の鍵です。ヴァルネラビリティとは、学習の向上に劣らず神秘を大切にすること、未知、あいまいさ、不確実性、複雑性を受け入れ、私たちの智慧を深める畏敬と不思議の念を育てることです。

それは有能であろうとする威圧感ではなく、初心の身軽さです。ヴァルネラビリティの感覚は、私たちを不安定な気持ちにさせるかもしれません。しかしそれによって、有能と謙虚のバランスが大切なことがわかり、シンプルさへの志向性と複雑さを受け入れることが両立するのです。

こうしたエクササイズを取り入れてから、レベルの違いにかかわらず、学生たちは授業を生涯に一度のチャンスだと感じ始め、一期一会の感覚が伝わっていきました。研究によると、学生の集中が高まり自己認識が深まると、自他に対する気づきが伸長し、批判が減じることがわかっています。[2] それによって教師や同級生たちから学ぶ可能性は広がります。

未就学児から医学生までを受け持った教師として、私は学習には集中力が欠かせないと知りました。そこで各授業にマインドフルネスを導入し、その実践を根づかせる試みを続けたのです。

意識の集中は、すでに備わっている内なる智慧に触れさせ、その智慧が育つにつれて、新たな学びの地平が開かれます。ハートによって物事を見たり聴いたりするこの智慧を、プレゼンシング（存在すること）[3]、または感情的知性（ＥＩ）[4]と呼ぶこともできます。マインドフルにこの智慧と調和していけば、この瞬間に「イエス」と言い、人生に「イエス」と言える、前向きで肯定的な姿勢が育つのです。

ハートによる教育

私は漢字に優れた智慧が含まれていることを知りましたが、ラテン語の語源にも深い意味があることがわかりました。教育（education）のラテン語源educereには、先へ導くという意味があります。それは、アメリカの学校教育に落胆した高校時代の私を励ましてくれました。

若かった私は、頭脳による知識や科学的方法論など、外からの情報に重きを置く伝統教育から抜け出そうともがいていました。現在の私は、自己省察が生む智慧を育て、セルフケアと人への思いやりを実行し、勉強と人生とを結びつけるという自分の思いを満たすことに努めています。

ハートフルネスの授業で学生たちは、自らの内面を見つめながら資料への理解を深め、学んだ概念を人生の中で応用し、積極的に愛に発する行動学習の流れに参加するよううながされます。コンパッションと人間関係にフォーカスする授業では、独自の意味と、創造性と、洞察によって心の性質を探求しようとする学生の動機を満足させ、スピリチュアルな姿勢で生きる道筋を示すのです。

ハートフルネスは、フェミニストの科学者ベル・フックスの「霊的、精神的成長を促進するような愛に発する行動」といった教育論に導かれてきました。[5]こうした学び方は、論理、冷徹な客観性、自分の人生と関わらない知識を超えて、新しい智慧の探求をさせます。学生たちはつねに、マインドフルな探求と気づきの成長はたんなる知性や認知の発達の歩みではなく、生きること全体に関わるものだと教えてくれました。[6]

物理学者のアーサー・ザイエンスもそれと同じく、教育においてもっとも大切なことは、学習対象への愛であると言っています。もっとも愛するものこそ、もっともよく知りうるからです。「話す前に立ち止まり、行動する前に心の中で静かに考える。決めつける前に未知へと心を開く。そうすれば私たちは、答える前に問いを生きることができる。そうして初めて想像力が働き出す。詩も、科学と並んでもちろんすべての芸術も、そうした抑制の中から花開くのだ」[7]

こういった教育は、どの学年にも通用します。教師の中にも、学生の集中力を高め、気持ちを落ち着かせ、感情的知性を育て、創造性を発達させるために、授業にさまざまなマインドフルネスの実践を取り入れる者が増えています。こうした取り組みから、意味、倫理、目的、価値への深い内省が生まれ、学生が自己の内面を深く見つめたり、他者との関係性を育てていく契機が生まれるのです。[8]

学生にじかにマインドフルネスを適用した研究結果では、小学、中学、高校の生徒まで、認知的、社会的、心理的にまとまった効果が明らかになっています。そこでは、注意力や集中力を含む学習、創造性、記憶力、また想起力などの認知能力や自主的な学習態度など、多くの領域において積極的効果があることがわかりました。[9]

行動の制御や集中力などの達成を目的とする学習プログラムは、しばしばそれ以上先へは進めませんが、ハートフルネスのアプローチは、マインドフルネスをさらにコンパッションと責任感を育てる方向へと展開します。マインドフルネスにとって自分との関わりだけでなく、他者との関わりが重要であることが研究からもわかっています。[10] そこから柔軟な思考、初めての体験へのオープンさ、相違点の気づき、異なる状況の察知力、多様な視点への気づきの可能性などが育ちますが、それらは多様性と受容力のためには欠かせません。

マインドフルネスはまた、共感とやさしさを培い、他者と深く結びつく能力を身につけ、社会的なスキルを育ててくれます。クラス管理にも役立つものの、それ以上に学生の学習と幸福に大きな影響があるでしょう。

ヘルスケアに大切な初心

私はこれまで教師として、保育園児から大学生や社会人までの教育に携わってきました。臨床心理実践の経歴によって病院や診療所や学校で教えてきたので、医学部で教職に就きました。こうした経験から、私はマインドフルネスがヘルスケアの領域で重要な役割を果たすはずだと思うようになりました。

そのうちのひとつに、私を育ててくれた東洋医学との出会いがあります。私はしつこい頭痛と外傷からくる視覚障害を西洋医学によって治療していましたが治らず、治療をあきらめたあと、鍼治療を受けました。数か月すると痛みはやわらぎ、私は眼鏡を手放しました。また胃腸障害の手当ても受け、私は一般的な医者になる道を捨てて東洋医学を修する道を選択しました。

日本へ戻ってからは、徳田勉師のもとで、鍼、灸、指圧などを教授されました。徳田先生は目が不自由でしたが、私にはない身体への感受性がありました。先生からはよく、私の注意力の不足から脈診のとき微妙な変化を逃したり、臓器の異常を感知する気づきが足りないと怒られました。それらの学びを補完するため、加えて現代医学の主流を学ぶことを強く勧められました。自分は視覚障害で限界があるが、私は目が見えるのだからという理由です。

光藤英彦先生は、もうひとりの恩師です。彼は日本でもっとも大きな東洋医学センターの主宰者で、医学博士でもありました。おかげで私は、主流医学を学ぶ能力を見いだすことができ、それをきっかけにアメリカに戻って医科大学に進もうと決心します。

しかし再び道が開けてわかったのは、それは私らしい生き方ではないという痛切な事実でした。もともと還元主義的で科学的な見方が不得意なのです。どちらかといえば私は、総合的に物事を俯瞰する、作家で科学者であるゲーテの言葉による「穏やかな経験主義者」であり、観察の対象を歪めることなく、穏やかに、傾聴しながら感じ取る、そしてその対象と一体になるというような探究をする質《たち》なのです。[11]

私は明確な道筋を見失って、そのころ住んでいたケンブリッジの通りをさ迷い歩いていました。そのときハーバード大学大学院教育学部の掲示板に行き当たったのです。何も考えずに構内に入った私は、そこで自分にぴったりの授業があり、必要としていた教師もいるという話を聞きました。

それから数週間のうちに、リチャード・カッツ、チェスター・ピアース、キヨ・モリモトという3人の教師と出会い、私は見守られ、傾聴してもらえるすばらしい体験をしました。そうした想像を超えた信じがたい経緯によって、ハーバードで学ぶことになったのです。

授業は臨床心理学をベースに、しかし実際には勤労から組織コンサルティングまでを俯瞰する、領域を超えた革新的な学びを重要視していました。カッツ先生は、文化人類学や疾病と治癒の研究実績を生かしたユニークな経歴にもとづく授業をしましたが、それは私の東洋医学の経験とぴったり一致しました。ピアース先生は、異人種間カウンセリングを教える精神科医で、私はそれが自分の専攻領域になるかもしれないと考えました。彼らの研究が私に多大な影響を与えたことは、想像に難くありません。

人間性心理学と私のなじんだ日本文化を合わせたモリモト先生の授業には、大変感銘を受けました。彼はカウンセリングにおけるプレゼンス（今ここに存在すること）の癒しの力、つまりハートフルネスの重要性を強調しました。彼は相手の苦しみに寄り添うことが大変だからといって、精神的な距離を置くことがないように、私たち学生に粘り強く諭しました。クライアントを決して見捨てないこと、相手を助けることが叶わないと思っても、人として寄り添うことはできると教えたのです。

先生の導きのおかげで私は、ありのままの自分の存在によって人に何か重要なことが伝わる、という直感に確信が持てるようになりました。マインドフルネスが鍼灸に欠かせなかったように、それはカウンセリングでも重要になり、心理療法の基盤になりました。ホスピスでのカウンセリングのトレーニングで、とくにそれがはっきりしました。死にゆく人のベッドに寄り添い、これ以上何もできないと落胆しながらも、私はひたすら相手と呼吸をともにしたのです。

文化的多様性に富む私のカウンセリングにマインドフルネスは欠かせない要素となり、自分自身の理解と相手への理解を深めるために役立ちました。私が相手の前で完全に存在するとき、相手も私との出会いに存在のすべてを露わにすることができるようになります。その人の傷、痛み、トラウマに傾聴し、注視し、体験を共有すれば、それ自体が癒しになるのです。振り返れば、私はいつも相手とともにいることを大切にしてきました。傾聴は、贈りもののひとつでした。深く耳を傾けると、話し手とひとつになることができます。私にとって、場所や時間や、終了などを定める設定は障害でした。セルフケアを学び、責任を理解し、自分特有の目的を知ることは、自己成長にとって重要です。カウンセラーの訓練を受け、経験を積むことで、一般の人間関係にも応用できる（私にとっては気の進まない）プロの距離感という考え方が植えつけられます。

医療の世界の経験を振り返ると、癒しに欠かせないのは、私たちをマインドフルな状態に導く「初心」であることがわかります。それは医者と患者にも言えるでしょう。さまざまな癒しの手法にはそれぞれ症状を緩和する効果がありますが、どれもある範囲の症状にしか効かないとされています。しかしある部分の苦痛をやわらげること自体が、人を大きな変容の可能性へと開いてくれます。どんな治療法を適用するにせよ、科学的に説明できない効果は存在します。そのとき私たちは、言葉では説明できないハートの癒しの働きを認めざるを得なくなるのです。

私の東洋医学の先生たちは、心理的、霊的な要素は考慮されるべき大切な側面ではあっても、施療時にそのまま用いることはないと言っています。それでも徳田先生は、ヒーリングのエネルギー、つまり彼を通じて患者のツボにあてた鍼に伝わる「気」で施術すると説明していました。患者に対する肉体的な介入が霊的な分野にも働きかけるというその気づきは、ハートフルネスの存在を証しています。

カウンセリングとホスピスでの訓練期間での学びによって、私は初心を持つこととマインドフルネスの必要を感じるようになりました。私たち学生には、新鮮な気持ちで出会いに臨み、相手に対してありのままに存在するという明確な目的意識が求められました。対象者に対して真に人間的に対応する、心を開いたヴァルネラビリティの可能性がそれによって生まれます。そのスペースに踏み込んだとき、ハートフルネスが生まれるのです。

マインドフルネス・ストレス低減法は、こうした病院における臨床のケアの方法を世界に知らしめました。研究結果で印象深いその効果が示されています。[12] この手法の中心はストレスを減じることですが、他者へのコンパッションの可能性も秘めています。その効果は個人の症状緩和を超えて、人生に意味と目的をもたらす責任ある行動につながります。

ハートフルネスは初心とマインドフルネスから始まり、個人的な健康の向上をはるかに超えていきます。初心は、治癒（cure）と語源を共有する好奇心（curiosity）から発します。そこから、大切な相手に注意を向ければ、コンパッションによる癒しの可能性に接近できるのです。[13]

ペアレンティング（ハートフルな子育て）

道を渡るときには

ぼくの手をとりなさい
人生とは君自身に起こることなんだ
他のことに気をとられてる間に[14]

ジョン・レノンの歌「ビューティフル・ボーイ」には、日常の中のハートフルな子育てが表れています。ここで親は子どもに対して、先ではなく今の瞬間に生きるよう手を差し伸べます。ハートフルな子育てでは、子どもたちから学ぶことも厭《いと》いません。彼らは、開いた心と今に目覚める力を育てる刺激を与えてくれるからです。どの瞬間に起こる物事にも意識を注ぎ、子どもに希望や恐れや欲求を投影せず、ありのままの彼らを認めるとき、それがハートフルな子育てになります。[15]

心理学、医学、教育学に及ぶ広範囲な学びによって、私は親として大きなチャレンジの準備をすることができました。この27年間でわかったのは、子育てとは生き方としてのハートフルネスを育てる困難な道のりだということです。親というものは、どんな瞬間にも相手のニーズに思いやりをもって応えていく必要があります。食べものを与え、おむつを取り替え、体を洗い、汚したものをきれいにし、学校へと送り出す。買い物に連れ出し、遊びの相手をし、料理してやる。すべてがハートフルネスの実践になりました。

子どもをよく見つめ、耳を傾ければ、心を開くことができ、先入観を持たないようになります。彼らの様子にいつも気づいていれば、どんな状況の中でも、私が親として何をすべきかわかるのです。私の望みは、我が子たちが自分をあきらめず、個人的な達成や将来への成功欲という狭い目標に閉じこもらずに、大いなる智慧の導きによって明確な目的と意味をもって生きることです。

詩人のカリール・ジブランの言葉には感銘を受けました。「あなたという弓から、あなたの子どもたちは生きた矢として放たれるのだ[16]」。

ハートフルな子育てとは、私たち親と、子どもの深いつながりに敬意を払うということです。子どもたちが大人の先生になることもあります。私たちが知っているはずのことに疑問をぶつけ、私たちにマインドフルになる機会を絶え間なく提供するからです。子どもたちからの挑戦は、大人が忍耐と明晰さと感情のバランスを育てる多くの機会になります。

死に至るような病や余命の限られた子どもを持つ親からは、とりわけハートフルな子育ての精神を学ぶことができます。近い将来の確実な別離を受け入れることは、ある親にはあまりにも残酷です。しかし彼らは、今ここでどう子どもと接するか、子育てする親として、自分の行動に内在する人間性を、子どもと一緒に最後の瞬間を大切にするために経験を通して学ぶのです。

ハートフルな子育ては、未来のために生きるのが幻想であると教えます。人を出し抜き、地位や安定や安全を手に入れられる子を育てようとする親もいます。しかしハートフルな子育てでは、今日を生きる子どもに愛を注ぎ、真心を込めて全力で子どもと自分を愛するのです。子どもをガンで失った友人の有馬肇子《はつこ》さんの存在は、子どもとも自分とも深くつながり、愛することができるような子育てを求め続けることを教えてくれました。

彼女の双子のお子さんは、生まれつき嚢胞性繊維症を患っていました。２０１３年、41年にわたる症状と両肺の移植を経て、娘のアナが驚くべき生涯の旅を終えたとき、肇子さんには多くの共感に満ちたお悔やみの言葉が寄せられました。哀しみは消えないけれど、アナが41年の時間を与えられたこと、その人生で多くの達成ができたことに深い感謝の喜びがあると、彼女は話してくれました。アナが生まれたときから、我が子が短命であることの覚悟はできていました。一緒にいる時間が限られていることを意識して子育てすることから、一日一日の大切さへの感謝が生まれました。

ハートフルな子育てには、子どもの尊重と傾聴だけではなく、それ以上のことが起こります。子どもが死に直面するような病気を持たない親たちは、我が子に用意してやるべき未来があることを疑わないのですが、必ずしもその通りになるとはかぎりません。親が考える以上に早く奪われてしまう子もいます。そうでなくても未来志向の子育ては、今ここで応答できるよう子どもに目を向け、耳を傾けるためのマインドフルな姿勢を奪いかねないのです。

一瞬ごとの気づきを欠かさず、日々の感謝を忘れることなく、子どもの未来に向かって準備を整えながら、子どもに毎日愛情を注ぎ、今ここですべてを生きることを忘れない——それがハートフルな子育てなのです。

リーダーシップに初心を

朝8時ちょうど、私の正面に座った人物が号令をかけます。「さあ取りかかるぞ！」

私は、彼がその部隊の司令官で、他の人たちが部下であることを知っていました。しかし、その日クラスの中で彼はその役割ではなく、初めの点呼をすべきではなかったのです。

そこで私はうなずいて「はい、了解。始めましょう。しかしここではまず、必要なことは何か確認することからかかります。今日のリーダーは？」と話しかけました。部屋の中は静まり、全員熱心に耳を傾けています。「今日は、私が指名を受けたリーダーですね」と私が言い、数人がうなずきます。私はさらに尋ねます。「さっき取りかかるぞ、と言ったのは誰でしょう？」。皆の顔に笑みが浮かびます。司令官も私の意図を察しているようでした。

初心の目で見れば、この簡単なやりとりが司令官のリーダーシップを改めて見直す機会を提供し、講座という状況の中で責任者としてどうあるべきかや、彼のもとで働く部下に対する司令官の影響の実態を探求することができます。

部屋はそのチームの部下でいっぱいで、私たちは、細かい指揮系統や委託権限、指導法、さらに基本的な問題である信頼、責任、報告義務などについて振り返りました。それが、アメリカ海軍で行ったハートフルネスにもとづくリーダーシップ講座の始まりでした。

参加者は、自分の内面、現実の中でのあり方、人を指導する際の言葉遣いなどを集中的に学びました。司令官は自分がそれまで経験したことがなかった新たなあり方であるマインドフルネスに混乱を覚えていることを認めました。人が行動し前進していくときに、ただ何もせずに座っている心もとなさです。彼は、講座のワークショップの中でさえ、静かに存在していることを、人からぼんやりして役に立たず、消極的な競争の脱落者、いざというとき重要な問題に対処できないリーダーと思われる懸念を抱いていたのです。彼には、それによって注意深くなり、効率が上がり、より健康になるという納得が必要でした。

私たちは、リーダーシップがたんなるチームの統御ではないことを真剣に話しました。リーダーには、自己省察、自己調整力、強い動機なども必要です。さらに、感情的知性、共感力や人から望ましい反応を引き出す能力、相手が最大の能力を発揮できるよううながすことなどの社会的な能力も欠かせません。[17]ハートフルネスは感情的知性を育て、それによって自らの感情に気づき、コントロールすることが可能になっていきます。チームリーダーとしての立場の自覚が深まれば、社会的意識が高まり、リーダーシップも発揮できるでしょう。

リーダーシップはＶＵＣＡ（Volatile, Uncertain, Complex Ambiguous）という視点で解釈することができます。これは軍隊用語なのですが、変動し、不確実で、複雑かつあいまいな世界の状況を前提として作戦を立てることを意味します。しかしこれからのリーダーには、新しいＶＵＣＡつまり、vulnerabilityヴァルネラビリティ（開かれた弱さ）、understanding（理解）、connectedness（つながり）、agility（機敏性）にもとづくあり方が必要になります。

ヴァルネラビリティとは、オープンで謙虚であることです。自分と他者への理解は大切です。リーダーは積極的に人と関わる必要があり、臨機応変で機敏であるべきです。[18]

ワークショップで参加者である部下たちは、安全で守られた環境の中で、あえてヴァルネラビリティをさらけ出し、自らの強さと育てるべき能力を検討しながらリーダーとしての能力を育てていきました。感情や行動を自己観察し適応させながら、相手の感情的知性を育てるしっかりしたヴィジョンと環境を生み出せば、誰もがハートフルなリーダーになれる可能性があります。

海軍のワークショップでは、「行動しつつ振り返る」能力の開発を試みました。その瞬間の体験に意識を集中し、自動的で衝動的な感情による反応ではなく、自らの判断によって正しくふるまう行動力を育てるのです。

こうしたリーダーシップは一筋縄ではいきません。ハートフルネスには、自分の弱さを開く勇気を持ち、持続的な自己省察と自己成長のための絶え間ない実践が必要だからです。自分の古い思考パターンと、自分のあり方やふるまいを変えるためには、忍耐が要請されます。司令官のような、経験と、名声と、地位を備えた責任者にとってはたやすいことではありません。毎日体験する未知の出来事の中でマインドフルネスの実践をしていくことが、感情的知性を育て、職場の人間関係を改善し、リーダーとしての能力を伸ばす鍵になります。

初心こそ本当の自分へ帰る道

初心によって私たちは、出発した場所に帰っていくような、不思議な感覚を呼び起こす旅を体験します。それは、自らの家に戻る、自分の全体性を取り戻す道のりなのです。初心で仕事をすることとは、自分が人に教える通りに自らが生きること、人に勧めることを自ら実行することだと私は知りました。マインドフルネスによって私は、夢うつつの状態からはっきりと目覚めるよう強くうながされます。

私もまた御多分に漏れず、心配や、恐れや、感情や後悔に振り回され、「心ここにあらず」ばかりのありさまでした。マインドフルネスは、エネルギーをこの瞬間に集中させます。現実の問題に対処するために、今ここから離れて過去や未来に関わらねばならないときもありますが、それでもこの瞬間に意識を定めることは可能なのです。

私にも、心が過去や未来にとらわれ、現実を深く生きられず、瞬間から心が離れていると気づくことが年中あります。比較的最近、京都の山寺にいたときに、私は突然悲嘆に襲われました。亡くしたばかりの飼い犬のことを思い出して、幸せだった記憶や失った未来への思いに襲われたのです。

自らの状態に気づいた私は、呼吸に集中し、心を体に戻して今の瞬間にとどめました。すると、静まり返った寺の境内に立つ松の大木に降る雪の美しさに目が開きました。その場に居ることへの感謝が生まれ、心と周囲を満たす安らぎに気づき、静けさと充足を感じたのです。こんなときのマインドフルネスは、その瞬間に浸る道を開き、人生はその一瞬だけに現れること、そうした多くの瞬間を見逃せば生涯でもっとも大切なものを失うのだという真実に気づかせてくれます。

初心は私たちが生きるために欠かせない、意識的な生き方の神髄の多くに触れさせてくれます。それは誰にとっても毎日必要なことです。マインドフルな意識は、私たちのヴァルネラビリティ、謙虚さ、真実性を深めてくれます。物事の本来の価値がわかるようになり、感謝が強まります。マインドフルネスは、深く聴き、見つめ、感じ、つながるための基礎であり、私たちをそこへと導いてくれるのです。物事を受け入れ、柔軟に変化し、必要なものがどれであるかを見極められるようになります。マインドフルな心はコンパッションと責任を生み出しますが、それがハートフルネスということなのです。

ストレス低減と健康増進を目指すだけの自己中心的なあり方を超えたアプローチによって、マインドフルネスには変容の力が備わります。マインドフルネスには、共感的理解につながる脳の神経機能を促進して他者との絆を感じさせ、人を思いやりのある行動に導き、意識をポジティブに変える可能性があることが研究によってわかっています。[19] マインドフルネスは気づきを自分だけに向けているように見えますが、じつは注意範囲を他者にまで広げ、すべての生命とのつながり意識を強めることによって、個人的な利益のみの自己中心の瞑想を超えていけるのです。

本書では、初心とマインドフルな意識によって人生のさまざまな原理を展開してゆき、ハートフルネスがその拡大した意識をさらに育てていく例をご紹介します。

マインドフルな観察

1 初心者の目で、身の回りにある何でもないものに気づき、よく見てみます。

2 身近にある木や、花や、雲や、月など、自然のものをひとつ選んで1、2分じっと見つめます。

3 初めて目にしたかのように、見てみます。

4 視覚、聴覚、嗅覚、味覚、触覚――五感をフルに使って、そのあらゆる面を探求します。

5 想像力を発揮して、自然界の存在のエネルギーやそれが存在する意味とつながります。

三 マインドフルな動き

1 行動や仕事について、惰性ではなく、急いで片付けようともしないで、マインドフルに行うことを心に決めます。

2 仕事に取りかかろうとする前に、少し呼吸の時間をとり、自分の動作に注意を向けます。

3 行動の目的を確認し、それが人に与える影響を考えます。

4 忍耐、やさしさ、誠実さなどの良き資質によって、自分の能力を最大に発揮して取り組んでいるかどうか、自問します。

Ⅲ　メールやソーシャルメディアをマインドフルに使う

1　マインドフルな仕事術とは、ストレスを高めるような心の癖をコントロールする練習でもあります。たとえば、メールやソーシャルメディア（SNS）の頻繁なチェックをやめられないといった癖です。どうしても必要なときをのぞいて、あらかじめ決めた時間以外にはチェックしないと決めてみましょう。

2　自分に知らせるためにタイマーを使います。SNSのチェックは30分までと決めたら、タイマーが鳴ったときにスマホやコンピュータを閉じましょう。

3　SNSを見ないでいる時間設定のために、もう一度タイマーをセットします。他のことに意識を集中し、タイマーが鳴るまではSNSを見そうになる心に抵抗します。

バランスのとれたデジタルライフのための参考文献
"Mindful Tech" David M. Levy (New Haven, CT:Yale University Press, 2016)

第 2 章

開かれた弱さ

Vulnerability

人生とは、重き荷を負って歩く長い旅のようなものだ。転ばぬように、ゆっくりと確実に歩みなさい。至らないことや困りごとは人生につきものだ。心には不満や絶望の余地などないと、自らに言い聞かせよ。自制心から永遠の穏やかさと自信は生まれる。敵の怒りを見つめよ。征服だけに目を向け、負けることを知らぬなら、悲しむべきだ！　それは不幸を呼ぶ。相手ではなく、自らの過ちを見つめよ。[1]

――徳川家康

いつのことだったか定かではありませんが、子どものころ私の家では、土曜日がボクシングの練習日になっていました。母が姉たちを連れて買い物に出かけていなくなると、それを待っていた父はすぐさま行動に移り、テーブルや椅子を壁際に押しつけ、練習を開始するのです。

「いいぞ、ハリー」（私はスティーヴなのに決まってハリーと呼ばれていました。一度だけ訳を聞いたことがありましたが、父は「さあな、オレはフレッドだがおじいちゃんにスティーヴと呼ばれていたから」と言いました）

「左のジャブがすべてだ」父は言いました。「ジャブが決め手だ。シャープな左ジャブをかませば、どんなやつだって近寄れない。顔を目がけて打ち続けろ。そうだ、その隙だ。相手は頭を引くぞ」。父は肉体労働者の大きな手を広げ、私はその手のひら目がけて打ちました。

「手は上げていろ、顔を守れ。モハメド・アリじゃないんだぞ、手を下げるな！　そうだ、そしたら、左、右、素早いコンビネーションだ、いいぞ！　右でとどめだ」

私のジャブはとても鋭いと言われました。それがどんな試合でも、かなり大柄の相手にも持ちこたえる秘訣だと。できるかどうかはわかりませんでしたが、ボクシングの腕に自信が持てたことは確かでした。

「絶対ケンカをしかけるな」、父は言いました。「でも心づもりはしておけ。怖じ気づくな。どうしても避けられないなら、そいつの目をまっすぐに見ながら断固として言え、おまえに負けても怪我だけはさせてやるとな」

私は明らかに弱々しい子でしたが、これがすべてのきっかけでした。私は生まれつき心身ともに恵まれ、学校の勉強、スポーツ、音楽と、大抵のことに秀でていました。さらに加えて「いい子」だったのです。私には一見して明らかな違いが刻印されていました。ほかの子から劣っていると見られるような人種的な違いがあったのです。あらゆる機会に、あのサマーキャンプの出来事と同じくそのことでいじめられました。

私は攻撃に弱く、人から注目を浴びて目立ったりすると付け込まれるような弱点がありました。なので、目立ちすぎずに表に立つという、危うい橋を渡っていたのです。

そうした弱さに耐えることはかなり辛いものでしたが、弱さは完璧にならねばという焦りから解放してくれました。私はまわりとまったく違った人種の日本人の母を持ち、父はアルコール依存症で一人前に社会的機能を果たせず、町の男の中でただひとり車を運転しない人物でした。人種が混合した少数派の家族の存在は、つねに私が不完全であると感じさせました。どんなに努力しても完全にはなれないのだから、あきらめてこんな自分を受け入れるしかないのだと。

戦争と人種に対する敵意を生き延びた母は、そうした人生を「しかたがない」、つまりどんなことをしても無駄だという言葉で表していました。私はその言葉を、自分自身を変えることはできないのだから受け入れ、できる範囲でそういう自分とともに生きるほうがいいと解釈しました。だから日本人である自分を受け入れ、それを密かに確かな自らの誇りとしたのです。おかげで、人種のことで中傷を受けても品格を失わずにすみました。父は日本の先祖について、とりわけ侍だった曽祖父のことを話して励ましてくれました。

父は私の不安定な立場を察し、自分が敵意の的になっていることを受け入れ、侍のごとくいつでも闘える心構えを持つよう諭しました。災厄がいつ起こるかわからない運命を受け入れて生きる、侵略された民アイルランド人の子孫である彼は、ボクシングを通して私にその精神を伝えたのです。

それとともに彼は、落ち着いたマインドフルなあり方の必要性を教えました。意識をつねに研ぎ澄まし、周囲の脅威に気づきをめぐらし、襲撃の可能性から身を守り攻撃する準備を整えることです。また傷つけられることを恐れず、相手を恐れさせ、ダメージを与える自分の力を信頼する必要もあります。そうした精神性が、極度の暴力性と衆目にさらされたボクシングの試合で、対戦相手の顔を血まみれにし、涙の退場に追いやり、私を無敵の勝者にしたのです。

サマーキャンプで私が逃げもせず、殴られることもなく耐えられたのは、そのおかげだったでしょう。しかしそれによって私は、人間関係においてつねに鎧《よろい》で防御し、緊張を手放せないようにもなりました。

日本文化のヴァルネラビリティ

青年時代、私は祖母と一緒に住んでいた時期がありました。あるとき東京の学校に行くためにその家を離れることになり、祖母をひとり残して去るのが悲しくて、私は「寂しくなるね、おばあちゃん」と言いました。私が側にいないと寂しいだろうと思ったのです。けれど「何でもないわよ、ひとりが好きだもの」と言われて驚きました。

「寂しい」という日本語を、私は「孤独である」ことと取っていたのですが、祖母はもっと深い意味を感じていたようです。おそらく彼女は、人間であれば誰にも寂しさはある、生きていれば誰でも寂しさを味わうのだから、マインドフルにその瞬間を感じれば人との結びつきが強くなると思っていたのです。

祖母は孤独を成熟によって——人の体験のはかなさ、生きることの苦しみを、落ち着いた安らぎで受け入れていたのです。孤独は、私たちに愛があることをあぶり出します。自らの役割を果たす祖母には、自己犠牲と奉仕の威厳が感じられました。それが私が自分の道を歩むよう押してくれたのです。
「さび」という言葉はいのちの物質的な側面を描写し、かつての輝きの喪失と移ろいやすい美を表しています。祖母のように、さびは威厳と品性を備えた、老いることの重みを感じさせます。そのころは理解できずにいたものの、「悲しい sad」という言葉が「充足した sated」「満ち足りた satisfied」などと同じ語源――一種の豊かさであり、ここではハートの豊かさ――を持つことを知り、私は彼女の思いがわかった気がします。悲しみに心を閉ざし、追い払うことから生じる固まった鬱屈とは反対に、ハートが満たされてやさしく生き生きとしているとき、私たちはよく悲しみを感じるのです。
「わび」とは、人生を内的、精神的に体験することであり、簡素で、物にこだわらず、進んで質素を選び、自然とともに暮らすことです。祖母の簡素さと自然の美に充足するあり方は、わびの体現でした。わび、さびは、いっぷう変わった、奇抜かつ質素で型破りなありようを愛で、人や自分を含むあらゆる存在の完璧なまでに不完全な独自性を尊重します。不完全さを大切にし、空《くう》を理解することは、ここに居る未完成な自分自身をそのまま受け入れることであり、悟りへの第一歩として価値を置かれたのです。[2]
茶道の儀式（茶会）でも、わび、さびは表現されます。お茶をたて、運び、客にふるまい、それをいただく。それが深遠な精神的訓練になります。静かに座ることがマインドフルネスと受容をもたらすのです。調和、敬い、純粋さ、静寂の4つは、茶道に欠かせないもっとも重要な要素です。この中でも静寂は、わび、さびとじかにつながっています。

これと似た「もののあわれ」は、すべての存在のはかなさを知って、共感と悲しみが生まれる様子です。そこから存在の真実と美を愛でる心が深まり、物事が滅していくときに穏やかな悲しみを感じるのです。壮麗ではかない桜の花の愛らしさは、「もののあわれ」そのものです。その共感への感受性が祖母が言っていたことなのでしょう。

ヴァルネラビリティを表すものに、金継ぎという不完全さを表す芸術があります。割れた器を、金粉を混ぜた漆で補修するのが金継ぎです。ひびを隠したりごまかしたりせず、それを器の経歴として取り込み、かえって装飾として際立たせるのです。金継ぎは「無心」(心が無であること)の哲学にもつながり、それは物への執着を捨て、人間の移ろいやすく思うようにならない本質を受け入れる態度でもあります。

金継ぎと同じく、ハーフである私自身の顔も不完全さの象徴であり、先祖とのつながりを表しています。それは私に、わび、さびという、白か黒ではなくどちらも含むような「混合性」と「全体性」の理解につながりました。個人の不完全さは、誰もが不完全である理解につながり、真の自分に向かって解放される道になります。混合や不完全さは、人間すべてに共通の基本的性質なのです。

ハーフである私自身のヴァルネラビリティへの目覚めは、まわりと違うことで偏見を受け、いじめの的になる人々に関わる仕事につながりました。私は高校のときから、恵まれない境遇の障害を持つ子どもや、精神病院の入院患者のために、ボランティアで働くことに意味を見いだしていました。特別支援学級の教師になり、カンボジア難民の若者たちのカウンセラーもしました。そうした排除され、抑圧された人々への支援が天職となり、彼らを「自分の仲間」と考えるようになったのです。

社会から排除された人々と関わる仕事を通して、ヴァルネラビリティが万人に関わる人間の性質の一部であることがわかってきました。トラウマには目に見えるものと見えないものがあります。心を開く準備が整い、他者から尊重され、耳を傾けてもらえるとき、人は自らのストーリーを語り、人とのつながりを感じられるようになります。

ヴァルネラビリティが成長と学習の鍵だと気づき、私はそれをふだんの授業に取り入れるだけでなく、人間関係全般に役立てるようになりました。

世界を受け入れ、他者を認める畏敬の心を持つとき、私たちはハートフルネスを体験します。自分の恐れに直面するとき、私たちは依存しながらつながり合う世界に対して丸腰で立つ存在として、自分のやさしさや人生の傷つきやすさを感じることができます。決めつけやナラティブを超えて人生をありのままに感じれば、苦しみはやわらぎます。

スピリチュアリティ（霊性）とは完璧に向かって上昇することではなく、心の傷を受け入れ、人間の根源であるやさしさに触れることです。ヴァルネラビリティはそのようにして変容の力となるはずです。

ハーバードでのヴァルネラビリティ

人生のヴァルネラビリティのパワーに気づき始めたころ、それがハーバード大学の心理学と医学教室で授業に欠かせない要素として扱われていることを知って非常に驚きました。大学では、あえて傷つきやすさをさらす人などいないだろうと思っていたのです。しかしリチャード・カッツ先生は、医師はその修業時代にヴァルネラビリティに助けられるのだと主張していました。１９７０年から80年代当時、それは非常にラディカルで先進的な発言でした。

カッツ先生は、ハーバードをリードする心理学者たちと研究をともにし、カラハリ砂漠やフィジー諸島のヒーラーたちや、カナダはサスカチェワン州の先住民の長老たちとも交流していました。彼は私たち学生に、ヴァルネラブルな感情を、リアルで、普通で、じつは自然でもあることを認めるよう教えました。[3] 間違いを犯したり、答えが見つからなかったり、どちらへ向かえばいいのか混乱することは失敗ではなく、傾聴し、思いやり、クライアントを援助するための能力が成長することの証しなのです。

有能さへの執着を手放せば、自分の人間らしさが認められます。ヴァルネラビリティを現実的であるとして価値を認めれば、心理学者や科学者たちもそれを仕事に役立てられるようになるでしょう。

それは私たちにとって解放のメッセージでした。まわりからはつねにエリートとして見られ、有能で博識であるという多大なプレッシャーがかかる一方で、誰もが自分の弱さを感じていたからです。先生の言葉は、大きな安堵と「初心」を与えてくれました。

共感の入り口であるヴァルネラビリティ体験は、私の同級生にとって、とりわけまったく異なる文化に直面したときの恐れのもとにもなりました。私の未知への反応は、人間すべての基本的な欠点に対する私自身の恐れの反応であることがわかりました。自分自身のニーズを知らないと、人のニーズも見過ごす傾向があり、その相手を恐れるようになるのでしょう。相手の欲求は、無意識のうちに私自身が拒否したニーズを見せつけるのです。内面に踏み込むことが非常に大変なクライアントもいますが、その感情の動きにどこまで寄り添えるかどうかが、その人の援助を左右することもわかりました。自分の世界観を留保し、自分と衝突する相手のそれを受け入れ、さらに尊重することは大きな挑戦です。もしも相手の世界や文化に少しでも関わることができ、リスクを冒して別世界の喜びに心を開けたなら、そこからもっと学ぶことができるはずだと思いました。

カッツ先生は、自我の境界を超えて、真の理解と他とのつながりを開く手法として、ヴァルネラビリティを育てる精神的実践をたくさん紹介してくれました。皆がヴァルネラビリティを共有するコミュニティへの参加は、伝統文化や現代の世界中に存在する支援グループでも取り組まれている癒しのプロセスなのです。[4]

私は、かつて学んだ東洋医学——気功、禅やさまざまな固有文化の療法に関連する心理学の講義を受講しました。それらは心身の自発的な働きと内からの癒しに注目します。私の西洋心理学の印象は、分析を得意とするが人間自体についての理解が不十分で、健康や幸福の増進を施療者の能力に過剰に依存するというものでした。私は、自分の見解をはっきり示す一方で、生物医学と実験科学の価値観を知り、尊重する必要があることがわかりました。それによって、知見の交換と敬意を持った協力が可能になるでしょう。

心理療法の経験を通して、大きな喪失に直面したクライアントの恐れ、辛さ、やさしさが伝わってきました。彼らは、脆弱で、感情的で、心が弱いとみなして自分を守ろうと抑圧していた、生々しい人間性に直面したのです。

心が開き、思い切ってヴァルネラブルになれたとき、彼らは自分の感情を豊かにする何かを受け入れる可能性を開花させ、人生に目的と意味が生まれました。自分の弱さに直面するのは辛いけれど、それこそが深く意味ある人間関係や取り組みの源泉だと悟ったのです。人生経験を通して彼らが発見したのは、弱さに見えることがじつは強さであり、弱さこそが本当の強さのもとであるということでした。それには自分がヴァルネラブルであることをゆるせる強さが必要です。つまり頭だけでなくハートで生き、心を開いて、知的な理解と経験による智慧を統合することです。

私は、先に書いたサマーキャンプの体験を含めた自分の経験から、弱さを勇気に変容させる鍵は、ヴァルネラブルな感情に気づいて受け入れること、それに直面し、大切にすることだと知りました。心を今ここに戻し、ゆったりとかまえて呼吸し、自らの感情を確かめ、それがどこから来たのかわかれば、自分自身の思い込みを受け止め、見つめる気持ちが生まれます。すると経験を振り返り、自己を見つめることができ、貴重な情報と学びの源に通ずる深遠な自己認識への扉が開くのです。社会が機能するためには、人々が自分のヴァルネラビリティを理解し、受容できる教育をすることが重要だという真理が、私の中で芽生え始めていました。

ハーバードの教授では、チェスター・ピアス先生からもヴァルネラビリティを学びました。彼の初めての授業は、精神障害を持つ有色人種の人々への対処を学ぶ内容でした。ピアス博士の、まず自分自身を見つめよという言葉には驚かされました。それは私たち学生のほとんどが知ろうともしなかったことです。そうです、私たちが求めたのは、自分と異なる文化や人種の恵まれない患者を相手に、どうしたら腕をあげることができるかでした。本心から彼らを助けたいと思いながら、無意識のうちに自分の本当の動機を知ることを避けていたのです。それは「自分」ではなく、「彼ら」を知るための研究だと思っていました。

クラスの数人は我慢できず、いらだっていました。「先生、教えてほしいのですが」、大胆な学生が切り出しました。「知りたいのは患者への対応なのです。アフリカンアメリカンやベトナムからの移民について何を知るべきですか？」

ピアス博士は、また同じ質問かという表情をしました。彼は、人に対して何ができるかを学ぶことは欠かせないと、穏やかな口調で話しました。しかし同時に、「相手のほうから自分の境遇がいいとか、悪いなどとは言ってくれない。他者を理解する一番の方法は、自分の経験を理解することだ」と強調したのです。

「『自分にあって人にはないと思える試練、苦難、思いを私はどれだけ理解しているだろうか？』と自問してみなさい。人の文化を知り尽くすことは不可能だ。だから、自分が属するグループに何ができるかを考え、それをもとに他者を理解するようにするんだ」

級友の多くがその授業に苦労していました。勉強とは客観的で、科学的で、対象から距離をとるもの、さらに「子どもを甘やかすような」厚遇を求めていたのです。ピアス先生が、学生たちの人種や階級が患者の人生理解の障壁になっていると指摘しても、彼らは自分がヴァルネラブルになることを拒みました。

先生からは、相手に被害妄想があるときには、診断に注意するよう指示がありました。有色人種の人たちは、過去の差別や、使役を期待される立場、手ひどい待遇といった体験をしてきたので、自分を防御し、緊張がとれず、明白なパラノイア症状につながるような歴史的な理由を持つからです。

ピアス博士は、黒人の患者は白人の医者に対して尊大で支配的だと感じており、そのような態度では患者から信用されない。そのことを肝に銘じるべきだと説き、私たち自身のヴァルネラビリティに直面させました。有色人種の人々にとって、医者はせいぜい8時から5時までしか関わらない存在で、信用されないのも、もっともだと言われました。

学生たちは、有色人種の人の多くが強いストレスのある環境に住み、馬鹿にされ、人間性を貶《おとし》められ、脅かされていることを知りました。博士が言う「攻撃機制」と「無自覚な差別」につねにさらされている状況では、一般にはささいなこととして見過ごされる出来事でも、その積み重なりが決定的に破壊的な影響を与えるのです。[5]

無自覚な差別が起こるときには、差別する側がどのようにして関係性を支配してつながりを断ち、行動をコントロールするか説明されました。差別を受ける人間は防御を余儀なくされ、たくさんのことを考えねばならず、強い緊張をこうむり、健康が損なわれて大量のエネルギーを消耗することになります。

ピアス博士自身がアフリカンアメリカンとして、ハーバードの学部生、医学生、スポーツ選手、教授、海軍士官の体験を経て、言うに尽くせぬ思いをしてきたことを知りました。

彼は学生たちに、有色人種が迫害者に対して、どれだけ時間と、場と、エネルギーを費やさねばならないか、噛んで含めるように語りました。彼自身エリート的な職業を示すような派手な白色の服で現れたとき、患者に床屋か何かですかと言われたというエピソードには、皆顔をしかめざるを得ませんでした。

先生は、自分の親族が持つ内面化された抑圧についても語りました。ハーバードの医学部卒業の1週間前のこと、入院していた叔母から自分の主治医を「ねえチェスター、有色人種の医者って何もわかっていないのよ」と言うのを聞かされたのです。

ボストン市内の貧困地区にある黒人コミュニティの病院研修では、私自身にも自分の弱さを感じるヴァルネラビリティの体験がありました。仲間たちから向けられる視線という現実に直面したのです。私は親しくなった事務員に、他の医師から皮肉交じりに「ハーバードのやつ」と指さされていると教えられました。指導の医師から、私の受け持ち患者の黒人が白人(私)に診察されることをどう思っているかと聞かれ、自分の外見が白人のように見えることを意識させられました。指導医師はそのあとすぐ「いえ、あなたはアジア人だけど、白人みたいに見えるから!」と訂正しましたが。

ずいぶんのちにスタンフォード大の医学部で教える機会を得たとき、「文化的謙遜」という授業を起案するときに、ピアス博士の教えを参考にしました。その授業では医療の専門職が専門性を極めることよりも、さまざまな文化や世界観や人生の現実について学ぶ態度をもって、患者の治療の質を高めることを優先させます。文化的謙遜では、同じ人間である相手とその営みへの思い込み、価値観や偏見に気づき、自らの文化的背景、経験や世界観をよく理解することを重要視します[6]。

仕事の中で自分を振り返り、マインドフルに行動すれば、受け持つ患者への自分の心の反応や態度に気づいて修正できるようになります。人を理解し受け入れることは、結局自分を理解し受け入れることだとわかるでしょう。

学生たちは、失敗の対処に困惑することの重要性と、過ちそのものを認め、受け入れることの重要性を学びます。ふだんの授業でヴァルネラビリティを味わうことを通して、さまざまな世界の人々が自らの失敗を受容し、新たな学びの可能性へと進むための援助ができるようになるのです。

スタンフォードのアヒル症候群

２００３年から数年間、私はスタンフォードの客員教授として60名の学生のそばに住み、ともに食事をし、遊び、学究生活を送りました。間近で彼らの暮らしに接してみて、「アヒル症候群」が確かにあることを知りました。水面に浮かぶアヒルは、苦もなく、静かで滑るように泳いでいるように見えますが、水の中では激しく足を動かし続けているのです。

学生たちもまた、すべてが順調に運び、満足し切って幸せに見えますが、じつは自分が生き残り、浮かび続けるために懸命になっています。彼らはリスクを回避し、自信を持ち、自己制御が利いて独立しているように見せて、防御し、好印象を与えて自分を安心させているのです。

若者たちの完璧を目指す努力は、結果によって報われてきました。稀に失敗することがあっても、失敗はゆるされないことだと恐れていたのです。なかには、最初の大きな失敗によって脱落してしまう者もいました。

彼らは肥大したエゴで舞い上がり、あらゆることを知性によって解釈し、頭で生き、成功のために全力を注いでいました。安全でわかったことだけしかしない学び方は、必然的に新しい知識を開拓する力を鈍らせます。

全国の大学生の精神障害の増大と呼応するように、私は彼らの情緒障害が危険なレベルであることがわかりました。それでも、大学では学べない精神性の深化や目覚めへの欲求の高まりが感じられます。そうした要請に応えようと、私は同僚たちと「ライフワークス」という講座を立案しました。学生たちに、人生でもっとも緊急で重要な問いに取り組ませる連続の講座です。

私たちのハートフルなアプローチは、最初に学生の授業へのイメージを壊し、初心と開かれたハートで自分の人生に重要なことを学ぶ可能性に臨むよう要求します。すべてを慣れで済ますことをせず、問いながら、当たり前と思っていることを疑うことがねらいです。無智を認め、自分に正直になり、弱い自分を受け入れるという謙虚さの大いなる力を知ることが必要です。

私は、それによって重要な発見が起こる可能性を示唆しつつ、授業やワークショップにヴァルネラビリティを導入しました。日本語を話すほど刺激的でなくても、教師が独自に創出できる方法はいろいろ考えられます。私なら、自分の経歴や、そこで教える理由を簡潔に述べるでしょう。その程度の開示でも、距離を置いて客観的に観察するという従来の教育法に真っ向から対抗することになります。ある教授は、教室に入るとき「自分を入り口に置いていくんだ」と言いました。

偉大なる指揮者であり教育者でもあったレナード・バーンスタインが言うように、むしろ「教えると同時に学び、学ぶと同時に教えている」という姿勢を身につけたいものです。「教育者」と「学習者」はドイツ語やイディッシュ語ではほとんど同じで、切り離せない密接な関係であると彼は言っています。[7]

私は学生たちに、すべてを批判したがる気持ちを手放し、堂々と見せるのをあきらめ、もっとも見ることを恐れている部分を見つめることで、自分のヴァルネラビリティを経験するよう言いました。自らの感情に触れ、心を開いて感情とつながれば、それが可能になります。ヴァルネラビリティ、謙虚さ、平等の意識が育てば、人より優れていると見せ、弱さを隠すために習慣化した、競争意識と比較への渇望を手放すことが容易にできるでしょう。人の可能性を認め、創造すること、新しい発見、人とのつながりのほうにより多くのエネルギーを注げます。ヴァルネラビリティと謙虚さを大切にし、マインドフルに自分を見つめれば、心にスペースができ、耳を傾けることができ、素直に学べるようになるでしょう。

無智を自覚する学生のほうが問題に対する探求心が前向きで、答えがわかっていると思う者より、より早く解決に至りやすいことが研究からもわかっています。[8] そういった大学生のほうが熱心で、十分に準備ができ、能力と謙遜さのバランスがとれているのです。

ハートフルなコミュニティでは、人に弱さを開示する力をマインドフルネスによって育て、自分の不完全さをオープンに受け入れられるようになります。弱さが現れる瞬間に気づくことによって、自己信頼が育ち、傷つきやすい感情が出てきたときに観察することができ、心を開いてそれを受け入れ、ジャッジしないあり方を大切にできます。長年自分を守ろうとして苦闘してきた困難や危険がやってきても、心をしっかりと保つことができるのです。

自分の弱さにていねいに触れることで、成績の振るわない児童、好成績の大学生、あらゆる成人に良い効果が見られました。どこにおいても人は、自分の弱さを受け入れ、新しい学びに踏み出すことを恐れています。自分が不完全だと思いながら自らの本心を見つめず、強さの装いの陰に逃げ込んでいる人がたくさんいます。弱さを受け入れて初めて人は成長するという確信を、ハートフルネスは育ててくれます。

人は学業が優れないとき、思い切って新しい学びに踏み出せず、失敗を恐れるようになります。才能がありながら、やる気や、好奇心や、自信をくじかれ続け、教育のシステムにうんざりしている人がたくさんいます。彼らは人から見ても聴いてももらえず、無能のレッテルを貼られてきました。自分の能力が認知されることに懐疑的になり、社会の片隅に隠れ、黙って無難にふるまってきたのです。

１９８０年代、私がハーバード大学でスタンフォードのキャロル・ドゥエック教授の授業を受けていたころ、彼女は、生来の能力、知性、才能などの性質は変わらないという先入観の研究を始めていました。「固定化した心の条件づけ」とのちに彼女自身が名づけた性質は、人からできるだけ良く思われ、愚かに見られたくないという心の傾向です。それは新たな挑戦を拒むようにさせます。思い切ってヴァルネラビリティを受け入れれば、才能や能力は、努力や継続や良質の教育によって伸ばせるという「成長の心の条件づけ」を育てることができるのです。

ヴァルネラビリティと成長の心の条件づけをうながすために、私はときおり仏教学者と禅の指導者を登場させるロールプレイを用います。私が禅師で、学生は学者役になります。

仏教に幅広い知識を持った研究者が、師のもとに修行に来ます。慣例の挨拶のあと、学者は禅を教えてくださいと師に請います。しかし弟子である学者は、彼の広範な学問知識を多くの経典の研究実績をめぐってとうとうと話し始め、どれほど自分が博学かを示そうとします。

師は辛抱強くそれを聞いたあと、茶をたて始めます。準備が整い、師は学者の茶碗に注ぎますが、茶はあふれ出し、やがて床にこぼれ落ちます。それを見た学者は、「やめてください！　あふれています。それ以上は入りません」と叫びます。

師はそこで手を止め、こう説くのです。「おまえはこの茶碗と同じだ。ブッダの教えについてのさまざまな知識であふれている。教えてほしいとやってきながら、茶碗はすでにいっぱいだ。これ以上何も入れてやることはできない。教える前に、茶碗を空にしてきなさい」

この話は、新たな学びを受け入れず、自分の考えや意見で頭がいっぱいで、そうした心の傾向に縛られ、人生の課題に取り組めなくなっている若者たちに衝撃を与えます。彼らは、ほとんどの学校教育を通して理知的な思考の処理を重んじる訓練を受け、それが深く染みついているので、頭を空にすることが難しくなっているのです。そこでは、理性が感情やハートよりも優れたものとされてきました。

ヴァルネラビリティに目を向けるのは、自らのハートと存在の全体性に従い、知性の支配に対抗することです。ハートは私たちが感じられるようにします。ラテン語で「affectivity 感情を持つこと」は"affectus"で、それは感じるだけでなく、外側の世界に対して自分の弱さを開く心のオープンさを意味します。そのオープンさは、マインドフルネスによって広がっていくのです。

ヴァルネラビリティと子育て

私のサマーキャンプの逸話のように、弱さは子育てでも重要です。あのとき父は確かに、私に大切なギフトを与えました。私が大冒険に失敗してがっかりしたかもしれないのに、それを顔には出しませんでした。父は私にヴァルネラブルな傷つきやすさをゆるし、私の弱々しさを受け入れたのです。私を恐れ傷ついた小さな子どもとして慰めてくれ、おかげで私は前へ進む勇気が持てました。父のやさしい思いやりは、やがて私自身の息子たちの子育ての導きとなり、息子たちが自分の弱さを勇気を出して受け入れるという信頼につながりました。

大人が子どもの弱さを認めることによって、子ども自身は自分の感情を受け入れ、辛い体験を乗り越えていくことができるようになります。私たちが子どもたちの弱さやさやさしさを鷹揚に受け止めれば、彼ら自身も困難で苦しい感情を乗り越えられることに気づき、自分の強さを信じられるようになるのです。

現代の価値観はヴァルネラビリティをたんなる弱さだと決めつけますが、親は子どもたちに、弱さを受け入れるのは成熟の証拠だというメッセージを伝えられるでしょう。自らが自分の経験をどんなものでも受け入れていく、それによって恐れのなさを示せるのです。父は、お酒が入ったときにはとくに、自分が人生の落伍者であると言いつのり、心の弱さを露骨にさらけ出しました。自分は夢想家で理想主義者であり、現実社会に適応できず、肉体労働に甘んじるしかないと決めつけていました。

父の姿を見て、私は別の道を歩みました。成功を絵に描いたような、まったく現実的で効率的な母のような生き方です。幼少期や青年期の私は父の弱さを受け止めきれず、後年父は、人生の辛い部分ばかり見せて私に負担をかけたと謝ってきました。しかし私はむしろ彼によって、人間のありのままの姿に思いやりを持つことを覚え、苦しむ人々を助けるよう導かれたのです。また、ときに父が子育てや家事をする姿で見せてくれた、従来とは違った、おそらくより純粋な性役割を知り、人生に順応する柔軟性が身につきました。

親として私は、社会的成功という公のイメージを子どもたちに植えつけることを警戒してきましたが、しかし今でも、弱さでつながる瞬間こそが親と子どものオープンな関係を育てることに気づかされています。

うちの飼い犬に死が迫ってきたとき、大学入学後に離れて住んでいた息子に電話でそのことを知らせました。死が近いことを話しながら、私は悲しみに襲われました。そのとき辛さとやさしさの入り交じった感情にうながされ、思わず「おまえを愛していると言ったことがないけれど、わかっているよな」と口走っていました。そして、「今の自分は取り乱していて、おまえが可愛がっていた犬が死にそうなのに、父として何と言うべきかわからない」と告白しました。息子は私の心の弱さの開示に明らかに打たれ、それが彼の内面に変化を引き起こし、人生の道の探求が始まったようでした。

Sensei（先生）

教師として私は、責任をもって問いに応える人間になり、ヴァルネラビリティの模範になろうと思っています。同時に、若い学生たちより人生の道を先に歩むひとりの人間であること、真理と美を探求し続ける者であることも確かです。私は自分が学ぶべきことを教え、日常の中で自分の教育を現実化させようと努めています。

私は学生たちに、教師一般に使われる呼称である「Sensei」と呼ぶように言い、「先生」という漢字の意味を説明します。「先」は先を行くという意味、「生」は生きることを表していいます。ふたつを合わせると、「人の先に生きる者」という意味になります。それは、人生経験を積み、先を歩む年長者への敬意を表す言葉です。私は年長者として人に智慧を授けねばならない重荷を手放し、傾聴し、問いを投げかけ、ストーリーを語る者になろうとしました。ありのままの自分を見せ、彼らに人生で何を経験しようとも受け入れて生きるよう伝えたのです。

最近日本の禅寺に立ち寄ったとき、ひとりの僧から職業は何かと聞かれたので、いつものように大学で心理学を教えていると答えました。しかし座禅のあと、出口で同じ僧に会うと、違った答えが出てきました。じつのところ何も教えてはいないのだと。私はただ学生のところへ足を運び、マインドフルかつヴァルネラブルでいながら、真実の自己を表し、できる限り最良の状態でそこにいるのです。

学生の前で教師がヴァルネラブルでいることは普通ありません。フェミニストのベル・フックスが書くように、そこに非常に深い学びがあるにもかかわらず。

> 教師は、少し先へ行く者でなくてはならない。私は、教師自身が思い切って心を開き、考え次第で自分が変わり、育っていけるということや、他から影響されて以前と考えが変わりうることなど、学生たちに自分から進んで見本を示さなければ、彼らの心を根本的に開くことはできないと思っている。[9]

私は学生に、これから出会う人すべてが先生であると伝えています。出会う一人ひとりが尊重すべき固有の智慧を持っていると知れば、あらゆる人の中に先生の本質を見ることができるからです。こう考えれば知識は制限なく広がり、誰もが手に入れられ、分かち合えるものとなります。これが、部分の総計より全体が大きいというシナジー（相乗作用）なのです。

人にオープンになると、動物を含むあらゆる存在から学ぶことができます。私は飼い犬を授業に連れていくこともあります。すべての出会いがヴァルネラビリティに開き、あらゆる瞬間の出来事が受容できたなら、自分とすべてを新鮮な目で見直すことができるでしょう。すべてを心を開いて受け入れ、先入観を排して、過去の重荷から解放されます。謙虚に茶碗を空にするという先ほどの禅のエピソードが示すように、マインドフルネスによって培われた能力であらゆる瞬間に立ち会い、その豊かさに満たされます。

謙虚さ（humility）は他者との関係性に影響を与えます。そのラテン語源は人間（human）と同じです。謙虚になれば、人を同じ人間として尊重できるでしょう。先入観で人から学ぶものなど何もないと決めつけると、相手を見て、聴き取る道は閉ざされます。謙虚であれば、人の人生経験に耳を傾け、豊かさを受け取れることがわかります。すべてが持つヴァルネラビリティを大切にすれば、人間存在の「不完全さの美」に目を向け、噛みしめる「わび、さび」の感性を含んだハートフルなスペースが生まれます。

他者と深く関われば、心を開いてすべてを見すかされるリスクが生じますが、人の経験や自分との違いに価値を見いだし、興味を持つことができます。そのようなオープンな表現と深い調和は、この社会の中ではほとんど見られません。とりわけ関係性で傷ついたことのある人にとっては、それは非常に困難です。しかしハートフルなコミュニティには、お互いに尊重し合い、無条件で肯定的に評価し、決めつけずに傾聴する癒しのスペースの可能性が開いています。

トラウマを受けた人たちに対しては、「ここは安心だから」とか、「弱いままでいい」といった気軽な励ましではなく、特別な安全性が必要です。安全とは、互いにヴァルネラブルになることができて初めて成り立つものです。共通のスペースが真に安心なものなら、誰もが自分をありのままに見せるでしょう。そのとき「悲しい」という一言が、謙虚さと、感謝と、受容と、ゆるしをもたらすこともあります。それによって人は、自分の挫折経験や、逆境の中で謙虚さを知ったことなどを熱心に語り出すのです。

私たちは苦境の極みで、自分自身の人間性や、弱さ、落ち度、ヴァルネラビリティに出会い、謙虚さというギフトの訪れを深く味わうことができます。敗北を切り抜けることができれば、その経験自体が、自分に可能なことと不可能なことを教えてくれます。

私は謙虚さを培うために、多くの人と同じく自然の中へよく行きました。ほんの一瞬だけでも、夜の星を見上げれば、それだけで無限に広大な宇宙の中の自分に思いを向けられます。この惑星上の何十億のうちのひとり、全宇宙でほんの一粒の塵でしかない自分自身に。一回の人生は無限の時間の中ではほんの一瞬です。そう悟ると、自分のヴァルネラビリティを受け入れる気持ちになり、私は全世界の一部でしかないけれど、無限の宇宙に欠かせない存在でもあることがわかるのです。

不完全こそ完全

自らの不完全さを知れば、ありのままの自分を受け入れることができます。

1 自分の弱点について振り返り、書き出してみます。

2 目を閉じて3回深呼吸します。深く吸って、ゆっくりと吐いてください。

3 自分に3回言いましょう。
「私は最善をつくしている。完全である必要はない」

4 目を開いて、書き出したリストを見ます。一つひとつについてどう感じますか？

11 人生の失敗から学ぶ

今までの歩みを振り返って文章にしてみれば、一見大変だったことでも人生の大きな学びのもとになることがわかります。

1 これまでを振り返り、失敗、遅れ、間違い、不運、不適格だと思ったことを思い出します。

2 その経験から学んだこと、得たことは何ですか?

3 その結果、今の自分が成長したとすればなぜでしょうか?

4 10分間、これについて自由に書いてみましょう。

第 3 章

真実性

Authenticity

自分で自分を明かさなければ、人から見た私という幻想に惑わされ、生きたまま飲み込まれてしまうだろう。[1]

――オードリー・ロード（詩人）

10歳のころ、私は家族とマサチューセッツ州の小さな町から近郊の町へと引っ越しました。その町の子どもたちは、それまでアジア人をじかに見たことがなかったので、私に好奇心をそそられたようでした。実際には「ハーフ」だったのですが、そんなことにはお構いなく、彼らは私を本物のアジア人だと思っていました。

ある土曜日、エルビス・プレスリーの最新映画『ブルー・ハワイ』を見に出かけた少年たちから、私は誘ってもらえませんでした。月曜日に登校すると、私に予期せぬ贈りものが待っていました。新しいニックネームです。

エルビスでないと思ってはいたものの、彼らが嬉々として私にぴったりの名前を発表したことには驚きました――ピンポンだったのです！　ジョニーは、エルビスの中国人の使用人のピンポンに私が似ているからと教えてくれました。考えられるかぎり私にもっともふさわしい名前だとビリーは言います。私は中国人ではなく日本人だし、嫌だと言いたかったのですが、彼らにとってはどちらにしても同じことです。お情けに「ピン」という省略形を授かったにせよ、私はそれから何年もピンポンという名前を背負っていました。

最近ようやく私は『ブルー・ハワイ』を観て、子どものころ経験したことの辛辣さを理解しました。エルビスは成人している使用人を「坊や」と呼び、ピンポンは、大柄で美しい白人の男女に仕えるにやけた愚か者、ちびで無害なペットという役どころなのです。私は二度とそのような「坊や」になるまい、屈しないぞと自分に誓いました。それは、私にとって死活問題だったのです。

ともかく、「どうしても暴力に訴えるなら君たちは勝つだろう。闘いは引き受けるが、君たちはきっと怪我をすることになる」、そう皆に知らしめました。部屋にひとりきりでいるとき、私は自分の尊厳を保つために、机の引き出しの奥に小さな日の丸の旗を忍ばせ、日本人の生まれを自賛していました。

アメリカでの人間関係には、人種と出身国をめぐるアイデンティティの葛藤がつきまといました。合衆国で人から特別に好奇な目を向けられながら育つのは、普通ではない体験です。私の容貌が他とは違うので、先入観から気分を損ない、嫌悪を口にする者もいました。正体を知ろうとしていろいろ聞かれもしました。そうした人からの扱われ方の根底にある精神が、ときには私を傷つけ、ショックを与え、自意識の芽生えとアイデンティティの強い葛藤を引き起こしたのです。

彼らのネガティブで見下すような反応が、私に日本人とは何かという問題を突き付けました。私が多くの人たちのように日本人ではなく白人だったなら、人生はずっと楽だったはずです。そうした状況に対抗するように母は、おまえは誰よりもいい子で優秀だという、断固たる自己受容のメッセージで応えました。「ありのままの自分を受け入れよ」という言葉が私を力づけたのです。それが自分自身でいることを助けてくれました。

父から聞いた侍であった曽祖父のストーリーは、「ピンポン」というニックネームを拒否する強力な力となりました。私は見た目は穏やかでも、いざ安全が脅かされると、曽祖父から受け継いだ冷徹で落ち着いた侍の精神を表します。あのベル・フックスが、いい子で小さい黒人の女の子であることが否定され、自己主張の強い、反抗的な曾祖母の人格を受け継いだという話を読んだとき、それがはっきりとわかりました。[2]

侍のアイデンティティを取り込むことだけでは、本当の自分は見いだせなかったかもしれません。しかしそれが、私の文化的背景の中でピンポン以外に手に入った唯一の救いだったのです。

私自身が目立っていたわりには、テレビや映画には私のような容貌の人物が登場しません。こうした容姿をほとんど見かけないので、子どもたちはただひとり目についた私を「ジャップ」や「ピン」とこき下ろしたのです。そんな扱いによって、日本人としての私のアイデンティティは揺さぶられ、逃れられない伝統の檻から逃げ出したい衝動にかられました。抑圧者の側にまわっても、内面化された犠牲者の自分という心理的鎖は解けないとわかってはいましたが、口には出さず、心の内にとどめておきました。

10代に差しかかったころ、私は白人ばかりの狭い町を出たくてたまらなくなりました。両親も私の苦しみを察し、離れるのはかまわないと言います。そのころ奨学金がもらえる私立高校があるのを知りました。入学が決まり、裕福で名の知れた子弟が通うその学校に行くことになりました。

学校に着き、家族と一緒に定められた部屋に入ると、思った通りの裕福な良家の坊ちゃんといった白人の同級生に迎えられました。しかし、ラップ・ブラウンと自己紹介された他のルームメイトには驚かされました。ラップは市内出身の奨学生で、学内に数人いる黒人のひとりでした。パーセルが本名でしたが、好きなヒーロー（急進的な黒人人権派のブラックパンサー党のH・ラップ・ブラウン）の名を借りてラップを名乗っていたのです。

ラップとはとてもうまが合いました。何でも分かち合いましたし、彼は他の黒人学生に私を紹介してくれました。私はその仲間の名誉会員のような感じになり、一緒に音楽も楽しみました。アレサ・フランクリン、テンプテーションズ、マービン・ゲイ、タミー・テレルなどの歌を聴き、『透明人間』『ネイティブ・サン（リチャード・ライト）』『マルコムX自伝』などの書籍を手にし、ダンスも教わりました。私は使う必要がないのに、ラップは自分のアフロヘアー用の櫛もくれました。

あるとき、たまたま体育館のロッカールーム併設の店で働いている彼を見かけました。彼は『怒れる黒人』というタイトルの本を読んでいました。少しおしゃべりを交わすと、彼はいたずらっぽい目をして売り場の裏へと姿を消しました。戻ってきた彼が手にした箱を見てすぐにわかりました。コンバースオールスターズの10——私のサイズです。

思わず私は、「おお、コンバースじゃないか！」と漏らしました。ずっとその一足が欲しかったのです。

ラップはこっそり「持ってけ」とささやき、靴を私に押しつけました。「何だって？　お金がないよ」

「持ってけ」、もう一度言われてためらっていると、彼は「おれたちと同じにおまえも奨学生なんだろ？」と言うのです。

見回せばまわりに誰もいません。私は靴をつかみ、ドアの外へと駆け出しました。部屋に戻ってドアを閉めると、生まれて初めてのコンバースを履いてみました。ぴったりでした。私の頭は混乱しました。盗むなと教えられていたのに、やってしまったのです。これくらいならいいだろうとさえ考えました。

黒人の仲間に入れてもらえたのは私が日本人だからです。白人の友人たちが日本人としての私を気にしなかったのとは、まったく違った理由でした。それが私たちをつなげた要素でした。ラップが私を仲間にしたのは、富裕な子弟とは違っていたからです。他と比べて持たざる仲間とつながり、力を合わせることで必要なものが手に入ると知る、そうでなければ取ればいい、という感覚には驚きました。

卒業式のときに白人の同級生たちが、一人ひとりの「クラスウィル」というものを作るのですが、私についてのコメントは、案の定笑いを誘うものでした。「スティーヴ・マーフィは〈ほとんど黒人〉という印象を残した」。突然はじけた硬い笑い声の中、目をやれば来賓に交じって両親が座っています。アイルランド人の労働者と家政婦の間に生まれ、俗に「黒いアイルランド人」と呼ばれた父は、その日晴れ着に身を包み、ウィングチップのついた靴を履いて、銀行家や医者や法律家の間にいました。アジアの移民である母は、化粧にハイヒール、洋装で、白い顔の海の中で際立っていました。

両親は気落ちしたかもしれませんが、私は違いました。私は両親から教えられた価値を生き、以前より自分のことをよくわかったうえで卒業するのです。母と父への尊敬を育て——何より自分を尊重するようになって。

学校に行くようになってから、自分でもどれほど人生が変わったかと思います。私はもう小さな町の「ピン」ではなく、中国人でもありません。白人の子たちがどう見ようと、自分が「ほとんど黒人」などではないとわかっています。もう飽き飽きするほど聞かされてきたような白人でもありません。私自身が何者でないかを自覚し、自分が誰であるかを見いだし始めていました。侍の精神性は美化が過ぎるかもしれず、私の本性ではないかもしれません。それでも心理学者のエリク・エリクソンが言うように、私は自己覚知と他者が認知する自分によって、統合を強めるアイデンティティの感覚を発達させていたのです。[3]

私と仲間が体験した人種に関する偏見は、白人社会の中で「ともに苦しむ」というコンパッションを心に植えつけました。私たちは互いに責任があると感じたのです。それは、私のハートフルネスを育てた自己形成の体験となりました。

私自身は、自分がアイルランドと日本とケルトの交じった侍と任じていました。それでも私は、放棄されたアイデンティティを、自分のルーツ、自分の翼、人類という家族の中での居場所、属するコミュニティを探し求めていました。けれど、道は確かに故郷へと向かっていたのです。

帰郷

住んだのは短期間でも、不思議なことに日本は私の故郷になりました。アメリカ人の子どもの中で、私だけいつも、当時安物の代名詞として見られていた「メイド・イン・ジャパン」の東京生まれと言われ続けました。大学卒業後も私は若さという霧の中に巻かれて、どう進めばいいかわからずにいました。しかしそれまで経験したことのない、一筋の光が私に向かって射してきたのです。それは、「家に帰りなさい」というメッセージでした。家とは、私の出生地でルーツである日本にほかならず、そこには「本当の私」という真実への道が見えるのです。その地で、想像を超えた何かが見つかる予感がしました。

前書きでも書いたように、それは自己を見いだす変容の旅となりました。私は新しい人生を創る行動へとうながされたのです。松山市で祖父母と再会した私は、初心をもって歩み出し、日本語と文化だけではなく、生き方、あり方を学びました。そしてそれらがすでに私の一部であり、真の自分だったことを知ったのです。そう生きるのは私にとって自然で純粋なことであり、そこからすべてはひとつであるという感覚が生まれました。

祖母は111歳まで生きた、信じがたいほどの強い生命力を持った人でした。彼女といるとそのエネルギーが私にも流れ込み、勇気をもって行動する力が湧いてきます。母はひとりっ子で、私はただひとりの男の孫でした。祖母は自分は持たなかった息子のように私を育て、我が子と同様に教えてくれたのです。祖母は、おまえには生きる目的があると諭しました。私には先祖からもらった何かがあり、先祖はいつも私と歩いているのだと。私は先祖に、私自身に、世界に責任を負っているのです。その目的をまっとうすることが私の役割でした。

だからこそ私は、人生をかけて目的を見つけ、それによって生きてきたのです。私の役割とはあらゆる瞬間にマインドフルになることであり、そうすれば自分の目的を深く理解できることを知りました。注意深く聴き、勇気をもって行動するには努力が必要です。しかしそうして初めて、自分だけの個性や真実の自分らしさが認められるようになるのです。

私は自分の人生を振り返り、敵対する両国の悲惨な戦争のあと、ふたりの人間が出会って一緒になったゆえに、私が存在するという真実をはっきりと認めました。ふたりは国境を超えて愛を宣言し、法律や社会という障害にもかかわらず決意して結婚したのです。自分をこうして振り返り、私の目的はそのふたつの国の国民の出会いの仲立ちをすることだとわかりました。その具体的な結果として、医師となって東洋と西洋の医療と癒しの統合を図ろうとしたのです。

自分の人生に目的があると信じ、本来の私として生きることは、大きなエネルギーを与えてくれました。真実に生きれば、私自身だけではなく人に対しても良い影響があります。自分だけの幸せや成功にとどまらず、大きな計画のために行動するという意識は、心を解放します。それがわかったので、私は自我意識と恐れを乗り越えて、自分がひとりではなく多くの人たちや大いなるスピリチュアルな力に支えられているのだという確信が生まれ、世界へと踏み出すことができました。私は社会の中でも夢の実現は可能だという確信とともに祖父母の家を離れ、自分の目的を達成する意識をもってハーバード大学大学院に入学しました。

人生に目的があるという考えは、アルバート・アインシュタインの意義深いメッセージによってさらに強まりました。

> 我々の多くが死すべき運命にあるとは、じつに不思議なことだ。一人ひとりがこの世にほんの束の間の滞在をするために訪れる。しかし人はその目的を知らない。ときに閃《ひらめ》きがあったにしても。[4]

私にとってそれは、自分が目的と見定めたものをマインドフルに見つめ、付き従っていくことでした。それに身を捧げれば、すべきことが自ずからわかってくるでしょう。私は人生を創造することに真摯に取り組み、自分の道を行くことを決めました。

私は、自分が何者として生を受けたのか、生まれたての自分に本来の自己を見ることから始めました。素直な自分でいられれば、本来の力が発揮できるはずです。私の使命は（もちろん誰もが）真の自分自身を生きることであり、それは自分と人を比較することではなく、自らの本性を受け入れることで実現するのだとわかりました。

一人ひとりにはなすべき役割があり、他人には取って代われない目的があります。自分自身であることが必要なのです。誰にもその人だけの持ち味があります。真の自分を受け入れ重んじれば、私たちは生き生きとして、本当の目的がわかり、精一杯意味深い人生を生き、すべきことをするようになるでしょう。

私とは誰か？

私の授業では、真実の自己への探求を「私とは誰か？」というエクササイズで始めます。こうした極めてシンプルな質問に学生たちは、一般的に使われる所属、地位、資格などに触れずに自己紹介することがいかに難しいかを理解します。自分は自分自身を「本当には知らない」という衝撃の事実に向かい合わされるのです。そこで彼らは、素のままの自分を見つめる必要を感じるようになります。さもなければ、誰かが決めにかかるでしょう。しかしその誰かの視点は必ずずれています。自分ひとりが誰も知らない目で自分を見ることができるからです。

自分が見られない部分を人のほうがよくわかることもあるでしょうが、自分だけが聞くことのできる真の心の声が存在します。自らに気づきの目を絶えず向け、自身の強さと限界を知り、目的を知る旅を続けることによって、真実の自己を見いだすことが私たちの課題です。

一人ひとり異なるその人自身の真実は、どうすれば見つかるでしょうか？　瞑想によってという人たちがいれば、自然との触れ合い、苦しむ人や貧しい人を助けることでという人もいます。仕事を通して、アートや音楽、または祈りによってという場合もあるでしょう。誰にも健やかな真実の自己とのつながりを取り戻す道があるはずですが、それは自分で見つけるほかはなく、大きな冒険になるはずです。自分に目覚めていく旅は感情的知性（ＥＩ）の礎になるでしょう。自分自身を知るより重要な取り組みはないのですから。

真実の自己を見つけるのはたやすくありません。自分の奥底から、言葉や行動が神秘的な形で浮かび上がってくる特別な瞬間に、私たちは真実を見いだします。あらゆる瞬間に自分が新たに生まれることを知るのは驚きです。その感覚は実験でも証明されています。マインドフルネスが行動や脳の機能を変容させ、私たち自身を新たにするので、毎瞬が自己創造の機会になるのです。[5]

私たちはつねに進化し続けていますが、変わることのない真実の自己を感じることもできます。真の自己を現実にするためには、マインドフルネスによって自己省察を深めていくこと、そして自分がもっとも自然でいられる状態で、気づきの流れに身を浸すことです。そうすれば根本的な問いを自らに向け、心の奥から返ってくる答えに耳を澄ませられるようになるでしょう。

この歩みを進めるためには、恐れ、疑い、不安の奥には真の自己が隠されており、本来の自己、唯一なる真のアイデンティティが存在するという確信が必要です。それは意味深い人生への入り口として、見いだされるのを待っています。真の自己は私たちの奥深くに存在します。それに触れたときには自分でわかり、まわりの人たちにもそう感じられるものです。

アメリカの心理学の父ウィリアム・ジェームズは、私たちをうながします。「『これが本当の私だ』という内なる声によって、あなたが一番深く、生き生きと感じる特別な精神状態を探し求めなさい。それを見つけたなら、それに従っていくのだ」[6]

私がそれを体験したのは、数年前にヒーリングとストーリーテリングの分野で活躍する女性のセミナーに参加したときでした。彼女はこの言葉からセミナーを始めました。「カリフォルニア州の要請で、ここで異文化理解について少しお話ししなければなりません」と。彼女の言葉からは、人種についてはもう皆さんご存知で、不要だとは思いますが、というニュアンスが感じられました。

私は呆然とした気持ちで部屋を見渡しました。周囲は白人たちばかりです。申し合わせたように、自分たちは異文化理解など身につける必要はないけれど、人がそうするならついていってもかまわないといった様子で微笑みながらうなずいていました。私は場にそぐわない居心地の悪さと、彼らとの違いを感じました。

私は「これが本当の私だ」という声に呼ばれて、「深く生き生きとした」感覚に目覚めました。そのとき私の心を大きく占めていたのは、これまでの自分の人生で重大な「人種」というテーマが、他の人にとっては、少しも重大ではなかったという衝撃です。私の役割は、多様性を重んじ、社会的公正を実現するハートフルなアプローチによってマインドフルネスの活動を広げていくことだ、ということが見えたのです。

愛するものを見つけ、自分のすることを愛する

アップル社の代表だったスティーブ・ジョブズは2005年、スタンフォードの歴史の中でも非常に有名になった卒業スピーチを行いましたが、多くの学生がその言葉に影響を受けていました。それは彼の早すぎる死の5年前でした。そのスピーチで彼は、自分が大学を辞めたのは、人の望みに従い、主流に乗ってばかりいることがわかったからだと述べています。

彼はドロップアウトしたあと、今までの人生の道からそれることによって、新しい可能性を見いだしました。彼が目的に至ったストーリーは、自分が何者で何をしたいのかを考える若者たちを鼓舞しましたが、ジョブズは、真実の道は険しく、勇気と信頼が必要だと警告します。

愛する何かを見つけなさい。仕事でも、愛する人でも。仕事は人生の大半を占めるも

のになる。本当に満足できるただひとつの方法は、あなたが偉大であると信じられる仕事をすること、偉大な仕事を成し遂げるには、自分の仕事を愛することだ。まだ見つからないなら、止まらずに探し続けなさい。ハートが察知するゆえに、それが見つかったときには自ずからわかる。すばらしい人間関係と同じように、それは年月を経るごとにますます良い方向へと向かっていくだろう。だから探し続けなさい、とどまることなく。[7]

「探し続けなさい、とどまることなく」というメッセージは、自分たちの夢を求める資質のある若者たちの心の中で鳴り響き続けています。ある学生から聞いた話ですが、彼は考えられるかぎりのことをしたあげく、「これは自分に本当に合っているのか？」「これは自分の天命であり、天職なのか？」と問い続けても心は晴れず、心の声が聞こえないと知って挫折の痛みに沈みました。しかしとうとうその声を聞いて受容が始まり、自分を知って行動し始めたとき、彼は健やかさへの第一歩を踏み出したのです。

真の自己を見いだすというスティーブ・ジョブズの話には、閃《ひらめ》きと刺激が含まれていますが、学生の中にはそれを受け入れがたく感じる者もいました。授業でジョブズの言葉を紹介し、そのあとシリコンバレーの男性の社長のメッセージを付け加えると、そうした力と特権のある人たちから人生を語られるのは不快であると難色を表す学生がいたのです。彼らは、そこには個人を超えた存在に対する言及がないことに気づいていました。そして社会正義の唱道者であるジョン・パウエルの視点に共感していました。彼は西洋的自我、とりわけアメリカ的なそれが、急進的な個人主義を理想とする歴史から生まれた孤立と分離に彩られていると言っています。[8] 彼は、健やかな自己のためのつながりの必要性を理解し、慈愛のコミュニティという、今までにないヴィジョンの必要を模索していました。ここでいう自己とは、利己的な分離ではなく、お互いの弱さの分かち合いの合意にもとづくものです。

自己に真実を見いだし、人生に目的を見つけることとは、自分が属する文化の視点にも左右されます。さまざまな文化によって、関係性の中の自己、他者に依存する自己など、自己の独立性に対するとらえ方は大きく違っています。この自己は、自分と他者とを分ける自律ではなく、家族やコミュニティの文脈に置かれた自己です。いろいろな文化における自己の解釈は、つねに進展していきます。一般的に見られる利己的で集団的な分離の傾向は、私たち一人ひとりの中の複雑な価値を覆い隠してしまうのです。

たとえば日本人は、自己を集団の規範の中に埋没させながら育ちます。その一方で、自分らしさの表明を願う自己も存在するのです。1992年のオリンピックで銀メダル、その4年後に銅メダルを獲得した女子マラソンの有森裕子さんは、会見で「私は自分をほめてやりたい」と発言しました。彼女は多くの日本人の隠れた心情を表明したのだと思います。[9]

自分をどうとらえるかは、私たちが幸福を測る物差しに影響します。心理学者も、幸福だけに価値を置くより、意味深い人生を送る重要性を強調するようになってきました。[10]ここでいう幸福とは、自分を中心に考え、受け取ることを重要視し、自分のニーズを満たし、必要なものを手に入れ、心地よさを得ることです。一方意味深さは、アイデンティティを発達させ、自己を表現し、意識的に過去と、現在と、未来の経験を統合していくことに重きがあります。[11]

意味深い仕事を見つけるための鍵は目的意識です。それが想起する力、生産性、満足感を伸ばすことにつながるからです。[12]目的を見いだすにはふたつの道があります。大いなる存在につながること、そして他者の人生を向上させ、仕えることです。ビジネスリーダーたちは、会社には目標が欠かせないと言いますが、どうすればそれがわかるのか、何をすれば会社が動き出すのか頭を悩ませています。[13]

鮨職人小野二郎氏は、映画『二郎は鮨の夢を見る』の中で、仕事における目的の哲学を語っています。「仕事を愛しなさい。いったん職に就いたら、どんな仕事であれそれに没入することだ。仕事を徹底的に愛する必要がある。することに文句を言ってはいけない。技術の研鑽《けんさん》に生涯をかけること、それが成功し、尊敬を受ける職人となるための秘訣だ」

その明快なメッセージからは、仕事を愛するためには大変な思いや自己犠牲があるかもしれないが、耐え抜けばきっと報われることが伝わります。

多くの人が、彼の考えは極めて現実的だと言うでしょう。しかし高度な教育を受け、専門キャリアを持つ人たちには、夢の否定と響くかもしれません。スティーブ・ジョブズが代表するように、彼らは自己実現とハートの声に従う個人的な事情のほうに惹かれます。しかし現実への適応にも価値と意味があり、必要であるという考え方もできるはずです。ありのままの自分を見つけ、ハートに従うことを望むなら、それら両方の要素が必要になります。私たち誰もが、人と自分の両方をともに大事にすべきなのです。

私たちは個人であるとともに、自分を超えた大いなるものの一部でもあります。だから自分に固有の目的を見いだすのは、困難で骨の折れることなのです。その目的は、自分自身と大きなつながりの中の一員としての自分に必要なものを満たすために、内なる声を尊重し、ハートに従っていくことでしょう。

一人ひとりは大きな全体に含まれ、その複雑な関係の中で自分自身を見いだします。自らの情熱、理想の仕事、真実の自己を見つけるのは、生涯のパートナーを得ることと同じくらいつかみにくいものかもしれません。自分に特有の使命である、真実の自己を探すことは誰にでも可能です。運命がよこした役割が自分が選んだそれとは違う場合もあることを納得すれば、自分が進んで払ってもいい犠牲を決断することができるでしょう。

クリスチャンでなくても、西洋の人々の脳裏にはゲッセマネの丘で磔刑の前夜、神に向かって祈るキリストのイメージが焼きついています。「父よ、御心ならばこの苦しみの盃を私から取りのけてください。しかし私の意志よりも御心がなされますように」

自分が運命から招かれていると知り、勇気を奮い起こして大胆に恐れなく行動できれば、同じように自問することができます。初めは自分のいのちのために踏み出した道であっても、それが自己放棄につながることもあるのです。

自らハートに従う理想主義者たちも少数ながら存在します。彼らは自分には目的と天命があると感じ、何が来ようとも突き進みます。成功するかもしれず、砕けて燃え尽きることもあるかもしれません。生涯にその両方を体験することもあるでしょう。

私たち誰にとっても、慈悲と理想の道を選ぶことは可能ですし、人と自分に違いはないと宣言し、その真実を示しながら生きることはできます。しかし、そうして理想を追い求め、夢に従った結果起こりうることへの恐れを、どれだけの人が乗り越えることができるでしょうか？　たとえそれが茨の道でも、勇敢に「神の意志」を遂行する人生が想像できるでしょうか？　どれだけの人がいのちをかけてコンパッションを実践し、勇気を持ち続けることができるでしょうか？

ハートの声を聞こうとしない人もいます。聞こえたとしても、道の険しさに他の安全な経路を選ぶ場合もあります。ハートの声に従わなかったことを後悔しながら生きる、という代償を払うことになるかもしれません。多くの人が家族との暮らしの安定のために、ある程度豊かでまっとうである平穏無事な生活を望みます。自分自身を大切にし、人を助けもします。私たち多くにとってハートフルな生き方とは、理想と現実のバランスを図り、明らかに対立するような真実の両極を心に置きながらも穏やかに暮らすことなのです。

現実には、そのふたつの世界の間に生きるのが私たちです。ハートフルネスの道を歩み続けるためには、持続的な努力と日々の実践が欠かせません。理想に向かっていくと同時に、今の自分とその立場を誠実に受け入れることも必要です。

神経科学の研究では、性格は人生の初期に形成されるものの、人は思ったより柔軟であり、どんな瞬間でも新しい自己をつくり出せることがわかっています。[14] 人は自らのふたつの面の緊張の中で生きています。心の中や人生の出来事の中で、何を受け入れるべきで何が変えられるか選ばなければならないときにも、この問いは起こります。

コミュニティの中の真実性

今まで自分自身の大きな部分が隠され、否定され、または昇華されてきたので、ありのままの自分について私たちは混乱しています。私の著作のテーマは全体性ですが、著書『When Half is whole』(未邦訳)でも、人種の違う先祖を持つ11人のストーリーを書きました。本の表紙は半月があしらわれ、私はそれを、物語の主人公たちは「ハーフ」と見られているが、本来は完全であると解釈しました。しかしそのうちに、そのタイトルとデザインが人間の発達の象徴ではないかと考えるようになりました。人は人生を全体としてスタートするが、次第に分裂していき、ある部分は闇に埋没して、自分がそうした一部から切り離されてしまうのです。

それでも「隠れた全体性」は存在します。私たちの課題は、自分の中の隠れた部分を思い出し、見つけ、つながり直し、受け入れること、「もとの全体」に返り、そうなるための可能性を発揮して全体としての自分を実現することです。「暗がりの部分」、自分の内なるあいまいな影を受け入れることで、私たちは「光」を知るようになるのです。

心理的な暗がりに入ることによる癒しについては、研究が実証しています。また、書くことで癒しがもたらされるという長年にわたる多くの主張もあります。最近では、どんな場合にどのような書き方が効果的であるか、科学的知識による真実を明かすエビデンスもあります。[15] 自分自身について書くことを通して免疫機能が向上し、痛みが軽減し、投薬が減じるなど、健康増進の効果がわかっています。自身のトラウマについて書くことにも、癒しの効果があることが証明されています。[16]

ポジティブ心理学の中には、幸福に焦点を当てることより、心の暗がりに触れることで全体性を回復することを重要視する人たちもいます。その暗がりには、いわゆるネガティブな感情も含まれます。

無意識を意識化すれば心の影の部分が全体に統合されます。統合された真の自己は、自分が価値を置くことに従って行動します。そのためには人生の求めにしっかりと応えられるよう、いかなる心の状態も生かせることが必要です。[17]

どんなものと出会っても、真の自分として対応するとき、そこからハートフルネスは生まれます。自分が自分になれたとき、相手もその人自身になれることがわかります。自分と人の境界線を越えるのです。思い切って弱さを見せ、自ら心を開いてすべてを見せれば、仮面なしに相手とつながることができます。まずこちらから誠実な生き方を示せば、相手も自分自身に返って、私たちと同じように生き、表現していけると思えるようになります。

ある状況や体験に出会ったとき、「自分全体」で対応することができれば、相手もまた全体的な自分を取り戻します。スタンフォードのある学生は、他の授業にはあまり出ないが、教師が授業に全力を注ぎ込もうと努める私の授業には、彼もそうありたいと願うゆえに、すべて出席しているのだと言いました。同僚からは、君自身を教室に持ち込んだらパンドラの箱が開くぞといつも忠告を受けます。学生から教師の心の内を詮索されることを彼らは懸念しているのです。「教室の入り口に自分を置いて入れ」と言われても、私にはどうにもそれができません。

私たちは、人前で違った自分を見せることに慣れています。社会的に許容されるだろう望ましい自分を装い、そうでない部分は隠したうえで人前に出るのです。私たちは恐れと要求に満ちたエゴに支配されています。その牢獄から脱出するには、かなりの努力がいります。いかなる瞬間にも真の自分でいることは大きなチャレンジなのです。本当の自分になり、人と誠実に関わるには勇気がいります。

真実であることとは、真の自己を知ること、真実の自分として毎日を生きること、思考と感情に気づき、目覚めていることです。ハートフルネスとともに私たちは、思考、感情、行動を通して一瞬ごとに真実の自分になっていきます。スピリチュアルな教えの多くが説いているのは、マインドフルネスと、傾聴と、ハートから行動すること、つまり自分自身からスタートすることでした。

真実で嘘がないとは、言葉と行動が一致し、自らが信じること、教えることに従って行動し、人の考えに影響されないことです。ごまかしがなければ現実に生きることができ、偽ったり本当の自分を隠したりせず、自分であることに落ち着けるでしょう。真実であるとは、純粋で誠実であること、不誠実、装い、偽善と無縁であることです。

長年私がカウンセラーとして働いたすえにわかったのは、心を開いて自分を見せることができれば、相手のほうから頼ってくれるようになるということです。人間性心理学者のカール・ロジャーズは、人の成長のためには純粋さと、受容と、共感を与えてくれる環境が必要だと確信していました。その環境下では、誰もがオープンで自分自身であることができます。

自分の存在すべてを子育てに向けたらどうなるでしょうか？　若いころ聴いた歌に、真の自分と子育ての関係を歌ったものがありました。それは「子どもたちによく言い聞かせなさい」から始まります。それは予想できますが、そのあと歌詞は「両親に言い聞かせなさい」と続くのです。[18] この歌が意味するのは、両親が子どもから学ぼうとするなら、互いに双方通行の関係が築けるということでしょう。

私はときおり大勢の前で話をするのですが、真実性は大きな演壇からも伝わります。最近1000人近くの高校の生徒全員に向かって、「人生の荒波の中で意味を見いだす」というテーマで話す機会がありました。彼らは何人かの仲間の死を自殺を含めて体験しており、学校からは何かしらの癒しのメッセージを頼まれていました。

内容の準備をしながら私は、自分の真実を語ろう、知った以上でもそれ以下でもなく、そのままを語ろうと心に決めました。私は心の中で何度も、「これはすべて私自身のことなのだ」と確認しました。慈しみのメッセージから生まれる可能性のすばらしさと比べれば、じつにプライドやエゴの声など取るに足らないと自嘲しながら。大いなる力の智慧によって話すことが聴衆に対するベストであること、私はそのための器として奉仕するのだと自分なりに理解しました。

講義は驚くような結果になりました。私は自己陶酔や、戸惑いや、恥をかくことへの恐れ、好印象を与えたい欲求などをすべて手放し、聴衆とひとつになりました。心理学者ミハイ・チクセントミハイが「フロー」と呼ぶ生き生きとした集中に完全に没入し、行為のプロセスに全面的に入り込んで楽しみました。[19] 禅でいえば、その瞬間に完璧に意識をとどめ、ひとつの行為に集中し、行動しながらそこに穏やかさと幸福感を見いだす状態です。

生徒たちもそれを感じ取り、座ったまま深く聴いていました。私が話し終えるやいなや、彼らは全員立ち上がって大きな拍手をしてくれました。校長が私に駆け寄り「ホームランでしたね！」とまくしたてました。

マインドフルになり、弱さを開いたヴァルネラブルな状態で自分に誠実になるとき、驚くべき何かが起こることがわかり、その日の体験に私は浮き立ちました。どこへ行こうとそこで本当の自分を表せば、人の集まりの場でも人間どうしの深い出会いが起こります。その出会いの中で人はつながりと感動をともにし、感情が受け止められたことを感じ、抑圧を隠さず、内に秘めた思いを口にし、ありのままの自分を告白するでしょう。そしてお互いの人間らしさを認め合うのです。

自分が真実でいれば、自分がマインドフルであるだけでなく、思いやりで人とつながるハートフルネスが育っていきます。そこから発した奉仕の精神と責任ある行動が、私たちを生き生きとさせるのです。

私は誰？

自分に向かって「私は誰？」というシンプルな問いかけをします、もどかしさや逆に閃《ひらめ》きを感じるかもしれません。自分の心の反応を見れば、この質問に答えるのがいかに難しいかがわかるでしょう。自分自身への思い込みが明らかになるかもしれません。

1 問いかけのあと、心に浮かんだことを何でも書きとめます。

2 なるべく考えずにすぐ書きましょう。

3 5分間たったら、書いたものを見直してみます。ありのままの自分が表れていますか？ あなたがこれから育てたい要素がその中にありますか？

11 あなたが生き生きと感じることは？

自分がもっとも生き生きと感じられるときを思い浮かべましょう。本来の自分、本当にしたいこと、または人生における天命が見つかるかもしれません。

1 次の問いをよく読み、10分間で、判断を交えずに心に浮かんだことを何でも書きとめます。
「この世界の中で私の役割は何だろう？」

2 次の問いをよく読み、10分間で、判断を交えずに心に浮かんだことを何でも書きとめます。
「それを実行するのに何が心に引っかかっているのだろう？」

3 書いたものを読み直し、「もっとも強く実現を望んでいる目的を達成するために、どんなことができるか？」自分に聞いてみます。

第 4 章

つながり

Connectedness

私と友人になるにはどうすればいいか考えている白人へ。まず、私が黒人であることを忘れてほしい。次に、私が黒人である事実を決して忘れないでほしい。[1]

――パット・パーカー（詩人）

高校の卒業アルバムの写真の私は、浴衣に共布《ともぬの》の鉢巻きを締め、目を閉じ腕組みをして、赤々と燃える暖炉を背に落ち着いた様子で座っています。そんな写真を撮って、人に見てもらうことが私の希望だったのです。白人の同級生たちは私を、「ほとんど黒人と同じ」と見ていました。黒人のイメージはあっても、日本人については皆目見当がつかなかったからでしょう。私も日本人とは何かを知らず、唯一の良き日本人に対する、強靭で、静かな侍のイメージで自分自身を見ていました。子どものころ耳にした曽祖父の栄光の物語のおかげです。

私の写真の説明には、「東洋と西洋のバランスを苦もなく体現する人物」とありました。私が考えたのではありません。「苦もなく」など、とんでもないことです。多数派からはじかれた私は、本当の自分や存在の根拠を空想によって納得しようとしました。内なる東西は分けようがないのですが、人類という大きな家族に場を見いだすことが重要でした。辛く、困難で、果てなき旅とわかっても、私は故郷に向かって歩んでいたのです。

関係性を築くことはいつでも大変でした。仲間でないと言われたり、「仲間だ」と言われたことがたくさんあります。たとえば白人の子どもからおまえは仲間とは違うと言われ、逆に黒人の子から「仲間だ」と言われるのです。日本へ帰ると決めたとき、アメリカの家族や善意を持った友人たちからは、私の真実の追求に難色を示され、おまえは私たちと変わらない、日本人ではないのだからと言われました。そして、アイルランド系の家族から大切にされ、人生のほとんどをアメリカで過ごしたこと、日本語より英語を流暢に使い、国籍も日本でなくアメリカであることなど、疑う余地のない事実を並べました。

そうした言葉を受け流しつつも、私はなぜ自分がそんな極端な道を選ぶのか、どうして姉たちのようにアメリカの環境になじめなかったのだろうかと自問しました。自分が日本人であることにこだわり、帰郷して住むほどまでに駆り立てたものは何だったのでしょう？

誰かとつながることで、孤立し疎外された環境から逃げ出したかったのかもしれません。一族、家族、社会などによって人類を群れにまとめようとする欲求は、人間どうしの絆を作るもっとも強力で根本的な意志です。分離の意識は耐えがたい牢獄です。[2]私たちは何らかの形で、人や外側の世界と結びつくことで、その牢獄から脱出するのです。

現代では、友人や家族の社会的ネットワークや彼らとの絆こそが主要な幸福の決定要因であり、つながりが健康に資するという科学的なエビデンスがあります。[3]他者とのつながりで人は変化します。個人主義の文化に特有の、変化と達成という重荷を個人に押しつける価値観とは裏腹に、私たちは自分の外に手を伸ばし、自分の変化を助けエネルギーをもたらす関係性のネットワークをつくる必要があります。そこには家族、友人、地域社会が含まれ、人生の意味と目的の源泉である魂も含まれるかもしれません。

前章では、真実の自己という意識が、他者との関わりによって見えてくる自己像に左右されることに触れました。自分を分離した個人と見れば答えは簡単ですが、それでは人がどうしてつながりたがるのか、うまく説明できません。自分を大いなる存在の重要な部分であると考えれば、自分とは何かに答えることは困難になり、次のような類似の問いとの区別は不可能になります——私は何の一部なのか？　私は何に含まれているのか？　私の属するコミュニティとは何か？　私の仲間とは誰か？

これまでの経緯から、私は自分が何に属するかよりも、何に属していないかが見えてきました。成長するにつれて私は、周囲と違うだけにとどまらず、孤立し、疎外されている――部外者でのけ者であるとわかったのです。私は、つながりを感じない「彼ら」から逃れるために、生まれた町を出ようとしました。

他者とのつながりは欠かせません。問題は誰とつながるかです。私たちは、付き合いたい相手や遠ざけたい相手、仲間にしてくれるグループ、仲間外れにされるグループに影響されます。選べる場合もありますが、ほとんどの場合自分ではどうにもなりません。私たちは、世間一般の関係性を結んだり、特定のグループと付き合うことで、孤立の牢獄から脱出することができます。両者の見分けがつかなくても、どちらともつながることはできるのです。

私が選んだのは、自分とよく似ていると思う人たちとの付き合いでした。白人でも、黒人でも、中国人でもない、つまり日本人とです。しかし実際彼らと付き合っても、日本人とは何か、私は誰なのか、まったくわかりません。日本に住んでみて、私がどう見られているのかはすぐにわかりましたが、「本当の私」が何者なのか、理解してもらうには長くかかりました。そして彼らの目に映った自分が何者なのか、私が理解できるためにはさらに長い時間が必要でした。

私は自分をまったくの日本人だと思っていました。しかしまわりからは、その他の面のほうがはっきりと見えていたのです。その事実は次第に、ときには見たくもないのに、私にも察知されてきました。私はアメリカ人で、アイルランド人で、ハーフでした。そうした事実があっても私が日本人であることには変わりがないとわかるまで、しばらくの時間が必要でした。それは大きな発見、目覚めです。

どんな経歴があったにせよ、私はそのときだけでなく、それまでもずっと日本人でした。長年の間幾度となく、これでなければあれだという一般的な二分法の基準を押しつけられながらも、私は多くの世界に住んできました。そうして私は、より完全で、つながった、生まれもった自分に近づいていったのです。

自分とつながり、人とつながる

まるごとの自分自身になる、真の自分になることとは、自分の中の切り離されていた部分とつながり直すことです。前の章で触れたマインドフルネス、ヴァルネラビリティ、真実の自己は、自分に気づく意識を高め、自分と深くつながることを可能にする鍵です。本来の自分を思い出すことは、かつてそうだった自分自身に返ること、またはそうあるべきだった自分の経験を呼び起こすことです。自分そのものになることは故郷帰りの体験、家に帰って安らぐことに似ています。T・S・エリオットはこう書いています。

私は探検を止めない
探検がすべて終えたとき
私たちは出発したところへたどりつく
そしてそこを初めて知るのだ[4]

マインドフルネスが人を強く惹きつけるのは、個人的な利益とストレス低減の保証です。それは個人による取り組みであり、外界から自分を切り離し、ひとりで目を閉じ周囲との接触を断つ瞑想と一般的には思われています。しかし実際に体験すると、マインドフルネスの効果は私たちの内面を超えて、気づきを広げ、他者との結びつきを育てることがわかります。

マインドフルネスは自分への気づきを深め、自分とのつながりを回復しますが、人にも初対面と同じく気づけるようになり、目が開き、調和を感じます。それは極めて美しい瞬間です。お互いが競わず、利益や正当性を争うこともなしに、喜びにあふれて出会うのです。マインドフルネスの実践者は、培った気づきの力によって、人と共感的に親しく接しられるようになるとの研究もあります。[5] それは、自己意識が他者の意識にまで広がり、そのつながりからハートフルネスが育つからでしょう。

真の自分に出会い、自分自身を受け入れる、それは人とのつながりの理解への出発点です。他者の受容とは、結局のところ自己理解なのです。私たちは、自分の心に存在する居心地の悪い「他者性」を認めることで人を受け入れます。人を外だけではなく、内なる存在としても認識するのです。[6] 自分の中に人を意識すれば、つながるための方法もわかってきます。そうして広がる思いやりの輪には、多くの人、生物、宇宙全体が含まれていきます。

アインシュタインは、人間の存在は日常感覚のレベルにとどまらず、分離という牢獄から解放する深いレベルのつながりに影響されると言います。

人類は、私たちが「宇宙」と呼ぶ全体性の一部、有限な時間と空間の一部である。人間は自分自身や自分の思考や感情を、他と切り離されたものとして体験する。意識が大きな錯覚を起こしているからだ。私たちはその錯覚の牢獄に閉じ込められており、個人的な欲求の枠に締め付けられ、ごく近くの少数の人間しか愛せなくなっている。この牢獄を脱出し、思いやりの輪を広げ、生きとし生けるものと自然の美を受け入れること、それが私たちに課せられた役割なのだ。[7]

敬意

日常的な感覚、スピリチュアルな教え、心理学の研究——どれもがつながりのすばらしさを強調しています。他者とつながる能力は、人生の初期からいくつかの重要な発達段階を経る間に体験される多くの要素に影響されます。

幼年期には信頼と愛着の形成が必要です。成人初期には、絆と親密さを育てる、意味深く永続する関係性を持つことが欠かせません。しかし、拒絶されることへの恐れと自己陶酔のために、親しく意味深い関係性を持つことが難しくなり、その結果心理的に孤立し、つながりが持てなくなることもあります。

ここで私たちは、自分が人間であり、グループに属し、同時に固有な存在であるという、さまざまな要素の複合体としての人間のジレンマにぶつかります。この3つのアイデンティティは、それぞれ支えにもなり脅威にもなります。グループのアイデンティティには、ナショナリズムや原理主義を生む可能性が考えられます。個人主義には、孤立と疎外の恐れがあります。生き延びるためには地球大のアイデンティティが必要ですが、安全な場所に退却して互いの違いに目を背け、集団主義や個人主義の危険性から逃げようとすれば、かえって危険なことになります。

自分は人間以外ではないと主張することは、必ずしも多様性の否定にはつながりませんが、実際にはそうなっています。人種や性別に無関心な人もいますが、私たちは違いをどうしても意識し、外見の違いで価値を測り、それにもとづいて関係性を結んでいくので、違いを度外視するのは生身の人間にとって不可能です。「色盲」を体験することより、違いを認識し、その違った部分が相手の人生で重大な意味を持ち、また私たち自身にも大切だと理解することは可能です。違いという現実を否定するのは、敬意の欠如になります。違うのか同じか、どちらと決めつけるのではなく、双方のバランスこそが大事なのです。

本章の初めに紹介した詩は、「私と友人になるにはどうすればいいか考えている白人へ」で始まります。それは、この二元的意識の必要性を語っています。

まず、私が黒人であることを忘れてほしい
次に、私が黒人である事実を決して忘れないでほしい[8]

ハートフルネス的視点では、まず黒人は確かに黒人であると認めることから始まります。お互いの類似点と相違点を理解し、相手の持つ複雑性をそのままに見つめ、敬意を持つことです。全体性をはっきりと認め合うことができれば、人の属性の多様性とあり方を支えるコミュニティの基礎ができます。

敬意（respect）の原語であるラテン語“respicere”は、「見ること」という意味です。これを私は、自分の見たいようにではなく相手そのものを見る、それが尊重することだと解釈しています。混じりけのない敬意は、権威に対する恐怖や畏怖とは違い、支配や搾取とも縁がありません。愛するとき私たちは、自分の都合に合わせて関わることではなく、相手自身との一体感を感じています。

さまざまな文化ごとに挨拶の仕方があり、それを身につけながら人は他者への基本的態度を身につけます。ヒンドゥー語の挨拶の言葉「ナマステ」は、「私の内なる聖性があなたの内なる聖性を認めます」という意味です。ズールー語の「サウボーナ」もこれと似て、「あなたが見えます」であり、それに対する答えは「私はここにいます」です。このやりとりには深い意味があり、「私があなたから見られている」という仕草とともに、それゆえに私が存在することを表します。ヘブライ語の「ヒネニ」も「私はここにいる」という意味が深く、私はあなたのためにここにいるということなのです。

フェミニスト研究者のグロリア・アンサルドゥーアは、違いを無視せず、人と自分を分けることもなく、共通の目的をハートフルに見る方法を示しています。現代社会では多くの人が、民族、人種、宗教、階級、性役割や国の等級づけをはじめとして、自分が属する集団や地位と同一化し、自分が拒否している要素ではなく、持っている要素によって自己定義をしています。

アンサルドゥーアは、人種や性別などではっきりと区別できない、混合やあいまいな要素を備えた人たちを快く受け入れるよう勧めています。彼女は、人種などの異なるグループ間に橋を架ける、安易な二分法を超えるための思想や態度を「スピリチュアルな行動主義」と定義しました。

人は傷つき体験によって自分の居場所に引きこもり、仲間の輪から外へ踏み出さなくなるが、そうすると成長は止まってしまう。「橋を架ける」とは、境界を解き、人に心を閉ざさないことだ。橋を架けること、それは見知らぬ相手に内側と外側の門をともに開くことだ。その越境は、決して安全な道ではなく、未知の領域へと踏み込み、安全の幻想がはぎ取られることになる。橋を架けるとはコミュニティをつくろうとすること、そのために傷つく可能性があっても、個人的、政治的、精神的な親密さにあえて踏み出すことだ。その橋がうまく架かるかどうかは、家、集団、地域社会、国家という自分の場を閉じたり開いたりするときのタイミングの見定めにかかっている。[9]

ハートフルなコミュニティでは、相手にまっすぐに目を向け、共感と敬意を築いていきます。双方通行の橋を架け、それによって誰もが相手の岸へと渡れます。「自分たち」「あの人たち」という分離を脇に置き、弱さを隠さずに違いを尊重し、受け入れるのです。違った見解、信念体系、肌の色、精神的な取り組みなどを理由に排除せず、自分のほうが変わる余地を認めます。さまざまな視点を持ち寄れば、コミュニケーションの仕方が変わり、対話が広がり相乗効果が生まれるでしょう。

　アンサルドゥーアは、分離を乗り越えさせる「私たちnosotros」というスペイン語の美しさを指摘します。この言葉には「私たち」と「あなたたち」が結びついて表れており、「自・他」という古びた二分法を問い直し、新たにしているのです。

　ハートフルネスは個人に発して、相互の結びつきを意識しつつまわりへ広がっていきます。それが、自分の利益だけを考え、物質的な富と個人の幸福追求に走りがちな私たちの傾向に対する歯止めになるはずです。ハートフルなコミュニティでは、メンバーどうしの違いへの敬意を表す一方で、共有することも重んじられます。特定の種類のアイデンティティへの執着を手放しながらも、ときにはその必要性を認めます。個人の健やかさの基礎に他者とのつながりがあり、「他者」が自分の一部であると考える、愛あるコミュニティの新たなヴィジョンが必要なのです。[10]

境界線を越えていく

人々に愛された南アフリカの指導者ネルソン・マンデラには、変化をもたらす学び、社会的責任、つながり意識の拡大で表される、ハートフルネスの生き方が現れています。彼の人生はある小村の一族から始まり、大学に入ってからさまざまな民族出身の人々と交わり、自らを縛っていた民族主義の枷《かせ》から解放されていきました。それが、彼がアフリカ人としてのアイデンティティを感じるスタートになったのです。

大きな大学へ転学して、彼の交友はさらに広がっていきました。学生の自治活動を通じて、彼はさまざまな所属の学生間の連帯を築く必要を確信して、より広いアイデンティティを獲得し、アフリカ文化全体への誇りを持つようになりました。後年白人と初めて親交を持つことになり、有色人種にまったく関心を払わない人々の中に入った経験から、恐怖とともに刺激を与えられました。マンデラの絶えることなき自己感覚拡張のストーリーは、南アフリカ全土の未来を包み込む非凡な取り組みへと結実していったのです。

私は自分の職務の対象が、ある一部の人々にかぎらず国民全体であると次第にわかってきた。人生のすべての流れが一族から私を引きはがし、地域や民族的な従属よりも、共通の目的のための中心的な場に誘《いざな》われていることを感じた。[11]

後年牢獄の中で彼が経験した、監督官から受けた親切や看守に感じた愛情は、人を閉じ込める立場の人間にも存在する基本的な人間性への確信を強めました。他者のそうした人間性への信念こそが、「私たち」と「彼ら」をすべて「私たち」に変え、共通の良き目標に向かってともに取り組むことを可能にします。

あの悲劇的な戦争のあとで、敵国どうしだった私の父と母が結婚したとき、家族の中で同様の「越境」が起こりました。ふたりは大きな分断を乗り越え、国、宗教、人種の壁をまたぎ、愛によって人間が築いた壁が超えられることを証明したのです。日本の祖父母は、アメリカの父と混血の孫たちを、ご縁がある人たちだからと自宅に迎え入れました。またアイルランドの家族も、私たちを親戚として迎えてくれました（カトリックに入信するよう頼まれましたが）。

レッテルにこだわれば分断が起こり、お互いを隔てる壁を築くことになります。誰もが世界を「自分たち」と「あの人たち」に分ける理屈を持っています。それが恐れと暴力につながる非人間的な態度のもとです。

若いころ私は、軍隊に入るような人間は邪悪で破壊を好むものと思っていました。しかしのちにアメリカ海軍の要請で多様性とリーダーシップの訓練プログラムを行ったとき、「彼ら」が私と変わらない普通の人間であることがわかったのです。彼らは、生き残ることや人の援助について違った考えを持っているだけでした。それに賛同はできなくても、私は理解と共感に努めました。私自身にも、問題を力ずくで解決しようとする、似たような感覚や考えがあることを知ったのです。彼らと私、つまり私たちは思ったより似ていました。

また私自身も問題の一部でした。彼らは、税金を支払う市民である私による「私の」軍隊だったからです。私は自分の信念を持ちつつ、彼らの言葉を深く聴くよう努めました。なぜ彼らがそのように考えるのか理解し、私自身と相手をもっと深く理解する地平に立ったのです。

グロリア・アンサルドゥーアはその著書の中で、私たちの意識の焦点を、自分がされたことから互いにしていることへ、または離れた国の人たちや、さらに地球環境にしていることへと変える提案をしています。彼女が指摘するのは、私たちがすべての生命との共生関係にあると知り、イデオロギーや思想や、信条や、文化的な価値の共同の創造者として、協力して働こうとする意志を持つことです。[12] 多文化コミュニティの中で生きるためには、地球全体への視野を育てねばならないと、彼女はうながしているのです。

ハートフルなコミュニティでは、つながりを阻む大きな原因となる被害者意識に注意します。それによって同種の人々とつながれても、その他の人との溝が深まるからです。そのとき個人や自文化のストーリーを話せば、違いに対する概念を超えて新たなつながりを見いだし、壁を乗り越えることができます。ある人には外見的な相違や傷が現れ、またある人にはそうした部分が隠れているということがわかるでしょう。

ハートフルなコミュニティにいると、自分だけが苦労しているわけではなく、皆がつながり影響し合っていることが見えてきます。国境の南であろうと海の向こうであろうと、私たちは隣人の運命と無縁ではありません。性別、人種、階級、性役割など、さまざまな分断がある私の教え子たちも、同じ道のりを行くのです。仲間の内や外部の誰かとの相違に気づくうちに、次第に類似に目が向くようになります。存在しないと思っていたつながりができると、孤立の牢獄を出て、わくわくするような解放感を感じるのです。つながりを感じれば、世界のどこであれ、自分の兄弟姉妹たちが受ける影響に共感が湧いてきます。ハートフルネスの世界では、浮くも沈むも、私たちは運命をともにするのです。

共感すること

私が携わるハートフルな場づくりでは、多くの領域にわたり、共感でつながりを実現するサポートをしています。デザインシンキング（場づくりの立案）を実践する者は、クライアントに共感してその人自身を理解し、その人が何を大切にしているかを知るよう求められます。人の考え方、感じ方、ニーズの鍵をつかめば、斬新な解決を創造する方向づけとなる洞察が生まれるでしょう。人間行動への深い洞察は、最上の解決に結びつきます。

ここで必要な共感は、一部の心理学者が認知的共感性と呼んでいるものです。[13] 視点取得とも呼ばれるそれは、人がどう感じるか、どのように考えるかを推察することから成り立っています。それは製品のデザイン、交渉、人を動機づけるときなど、人間のさまざまな営みの場面で役立ちます。しかし認知的共感性にも限界があります。他者に深く関心を持たなくても、これを使って効果を上げることができるという点です。本物のつながりのためには、認知的共感性だけでは不十分でしょう。

ハートフルネスのアプローチは、さらに深いレベルの共感を求めます。情動による共感は、他者とのつながりに影響されます。社会神経科学は、こうした共感がミラーニューロンのシステムによって起こると説きます。人と人の間にできるつながりは、仕事や、遊びや、友人関係や家族など、あらゆる人間関係で役立ちますが、そのマイナス面は、ひとたび感情が疲弊したり麻痺すると、燃え尽きが起こることです。それが関わりを放棄し無関心をもたらすことになります。

ハートフルなコミュニティが目指すのは、コンパッションのある（思いやりに満ちた）共感の表現です。そうした共感があれば、相手の困難を理解し、感情を分かち合うことができます。必要ならば進んで手を差し伸べるでしょう。だから共感はコンパッションへの一歩とも言えます。

脳科学は、マインドフルネスが人を助ける能力を高めることを証明しています。瞑想経験を積んだ被験者が他者の苦しみを察知すると、その脳の中で、思いやりや、養育や、社会的に健やかな絆をつくる働きをつかさどる部位が活性化するということです。瞑想経験のない被験者では、同じ刺激が悲しみや痛みという不快感の部位を刺激します。心理学者には、人への気遣いを起こす前者の反応をコンパッション、後者をエンパシー（感情移入）と呼ぶ者もいます。

ハートフルネスは、共感の認知や感情的な側面よりも、コンパッションを表す方法、または思いやりによる共感とも言えるでしょう。コンパッションは責任と切り離せません。

第2代国連事務総長で死後ノーベル平和賞を授与されたダグ・ハマーショルドは、「現代では、聖性へと至る道は行動する世界なしには考えられない」[14]と言っています。ハートフルネスは、現実に働きかけることにエネルギーを注ぎます。感情的になり、鬱や、燃え尽きや、陶酔という問題に陥るより、どうすればコンパッションを実現できるかを考えるのです。智慧が育ち、恐れがなくなっていけば、私たちは世界に愛で働きかけられるようになるでしょう。

恐れは共感とコンパッションの障害になることがあります。さまざまなコミュニティの中で、習慣、食物、服装、または性別、時間、労働、金銭や礼儀などに対する価値観、義務感までが自分と違う人々への恐れが強まっています。最初の出会いでは、疑いや恐れの反応が起こります。それほど偏見は根深いのです。

ハートフルネスのコミュニティでは、マインドフルネスが境界線を越えるきっかけになり、自ら弱さを見せ、自分自身でいる意志が生まれます。互いに目を向け、聴くことでつながりは生まれます。そこから他者の経験を理解する能力が育つのです。人との出会いは、相手だけでなく自分自身についての貴重な学びの機会になります。現実の関係性をともに築くことによって、私たちは新たな意味と新たなあり方を見つける働きをともにするのです。

ハートフルネスの基盤は、私たちには違い以上に似た部分があり、何より同じ人間どうしであるという真実です。生死につながる基本的な認識は、私たちが求める関係性のすべてに共通の基盤になります。見た目の違いが大きくても、こうした共通の基盤と共通の絆を認めることが共感の鍵です。人間どうしの共通性に光をあてることが、対話と違いを認識し合う穏やかなうながしになります。違いをことさらに強調し、疎外感や分離意識を誘うよりも、互いにとってはるかに良いことでしょう。共感とコンパッションのどちらにとっても、自分が人との共通点を持っているという人間性への理解は欠かせません。

共通の認識をもとに成り立つハートフルなコミュニティでは、議論の中でも人の弱点ではなく強さを見いだそうとします。[15] もし相手の弱点が目についたときには、どうしてそのように考えるのか理解に努めます。食い違いが大きくなればなるほど、相手の心の枠組みの中に入る手段として共感、想像、ストーリーテリングなどを用い、その人がそうした考えに至った経緯を理解しようとします。それによって相手の考え方を受け入れ、彼らの目を通して外の世界を眺めることで、その人の世界観の中に入るのです。

　共感と心からの尊重が伝われば、相手も自分自身の声を見いだし、自分の考えが役に立ったことに感謝するでしょう。[16] 私たちは、ハートで聴き、純粋な自分を差し出し、お互いのストーリー、ヴィジョン、目的から学ぶよう人々に勧めます。そこから高いレベルの協力が生まれ、創造力が湧き出すのです。

　こうした活動は、合気道の人間関係への応用にもなぞらえられます。植芝盛平が創始した合気道は、人を負かそうとする相手に対してとりわけ愛と思いやりを表現する武道哲学です。それは攻撃を受け止め、害を与えずにそらす能力を鍛えることで実現します。合気道の技は、「力を結びつける方法」によって攻撃者の動きと交わり、最小限の力で相手の動作をコントロールするように取り結ぶのです。理想的には、受け手が怪我をせず、攻撃者も無事ですみます。人間関係でいえば「ウィン－ウィン」の解決法と言えるでしょう。

こうしたハートフルネスのアプローチは、ゲーテの「穏やかな経験主義」とも似ています。相手の世界観の中に入り込み、その考え方になじみ、世界をその人の目によって眺めようとするからです。全体像を視野に入れ、物事を分析的でなく総合的にとらえようとします。見ること、感じることをともにし、相手を自分の懐へ迎え入れます。誰にも通用する、対等に活動できる場所をつくり、そこではまったく違った者どうしでも同等の立場で出会えるのです。

多文化の集団の中ではこの点がとくに重要になります。文化規範の基準が、そこに加わるメンバー間に、有力な者とそうでない者との差をつくるからです。つながりの認識を育てれば、排除され、声が出せず、公教育に恵まれない人々が、他者に貢献できるようになるでしょう。

共感によって、生き方に多様性があってもつながれる共通点が見つかります。日本人の母親とアフリカ系アメリカ人の父との間に生まれ、2015年ミス・ユニバースコンテスト日本代表となり、物議をかもした宮本エリアナ氏との対話の中で、作家の乙武洋匡氏はこう発言しています。[17]

あなたと私は、特徴がはっきりとしたマイノリティですね。私には腕と脚がなく、あなたは黒い肌をしている。けれどこの国では、明確なマイノリティの外見がなくても、多くの人が生きづらいと感じていると思います。明らかに「多数派」のように見えても、人との違いを感じて苦しみ、本当の自分を押し殺している人がたくさんいます。皆がもっとオープンで自由になり、個性が認められ、受け入れられるような社会になってほしいですね。真のアイデンティティを明かせず、本当の自分を隠して生きる痛みを抱える人々にとって、あなたや私のように目立つマイノリティが声を上げることが大切だと思います。

乙武氏は、腕と脚がないという自らの経験と、宮本氏の黒い肌を持つという経験との共通点を語っています。そこから広げて、人と自分が違うと感じ、違いの意識を持たざるを得ず、ありのままの自分を隠す必要を強いられている人々に共感しています。ハートフルなコミュニティでは、多様な外見を持つ人々どうしのつながりを築き、さらに目に見えない違いを感じている人々を受け入れます。そのようにして受容の輪を広げていくのです。

私たちが築くのは、ヴァルネラビリティと真実のあり方の場であり、本来あるべきコミユニティです。自分が安全な場にいると感じたとき、人はつながりができれば壁が乗り越えられるとわかって目が開き、自分自身のストーリーを語り、恐れを超えて心を開くことができます。私の教え子のひとりは書いてくれました。

すべての人との深いつながりへの感謝――それが授業から受け取ったことです。驚いたことに、まだよく知らない人と話しているとき、相手の言葉への賛同や理解を別にして、少なくとも共感することができました。多くの人が人生で似たような状況を体験し、同じ苦境を経てきたことを思い、つながることの可能性に目が開かれました。それは、自分と人とは違うと決めつけたらわからないことです。この経験を通して、私は自分のほうから人と新たな関係を築こうという気になりました。ここで得られた最大の学びは、人は危険でも恐くもないということ、意図的に傷つけようとする人はいないし、彼らは無意識のうちに、私やその人自身を癒そうとしているという事実でした。

ワンネス（ひとつということ）

私にとってのつながりの感覚は、思いがけず幼少期に父によって育てられました。父はいつでも、世界にひどい苦しみを見るたびに嘆いていました。それを見ると、人類や神の慈悲に対する信頼が打ち砕かれると言うのです。そうして飲酒に走り、思いやりと公正さのある世界を築く望みを失いました。苦しみを目にすることで彼は、誠実な世界を否定し、見ようとも感じようともしない者が心に抱く典型的な幸福の拒否に陥ったのです。どこかで誰かが苦しんでいるかぎり自分は幸福ではないと、父は言い張りました。

あるけだるい夏の午後、父の本音を聞いてショックを受けた出来事がありました。父と私はブランケットに腰を降ろし、水遊びする子どもたちを眺めていました。そのとき彼が言ったことにびっくりしたのです。

「子どもが溺れるところなんて絶対に見たくないな……、自分が溺れて死ぬとわかっても俺は水の中に入って救い出そうとするだろうから」

手術で治療したあとも、父の心臓は具合が悪いままでした。子どもが溺れかけているのを目にしたら、自分が死ぬかもしれないと思っても助けようとすると言った父に、私は驚きました。

言うだけだったとしても、なぜそこまでと理解しかねたのです。父がいなくなったら、ぼくはどうなるのだろう？　父に聞きました。

「父さん、どうしてそうするの？」。父は答えました。

「黙って子どもが死ぬのを見ているわけにはいかない。そんな自分に耐えきれないから」

自分の身の安全を忘れてまで必要な行動を起こすほど、他者とひとつになろうとするその姿勢は、今も思いやりに満ちた共感のしるしとして、私の心に残っています。行動に至らなかった父の気持ちを、たんなる感情的な共感だと言うこともできるかもしれません。しかしその勇敢な行動の可能性こそ、思いやりに満ちた共感でしょう。

一人ひとりは別の存在ですが、私たちは隣人との境界をすぐに越えられるつながりへの強い欲求と、直接的な共感能力を持っています。私たちは人のいのちの危機に直面して、相手を救おうとまるで自分のことのようにその状況に飛び込むこともできます。天災や危機的状態の際には稀なことではありません。

ヒーローとは、真実のために自らの身を捧げる存在です。相手を愛するかどうかは別としても、閃《ひらめ》きが訪れたとき、いのちがけの行為は起こります。心理的な危機に直面したとき、考えるより先に人と自分がひとつであるという事実――ひとつのいのちの両側面であることに突然気づくのです。表面的な分離は、空間と時間の条件下で、お互いの身体を識別する方便に過ぎません。分離を知りながらも、本来私たちはあらゆるいのちとひとつです。その真実が、人と人を結びつけやすい危機的状況の中で自然と察知されるのでしょう。

小さなレベルでも、似た状況はいつも起こっています。私たちは無私の行いを人に対して、またお互いにしています。日常的に私たちは、人と結びつき、分離を超えて孤独の牢獄を脱出する強い欲求を持っているのです。

共感を研究する科学が発達し、人のコンパッションへの渇望が証明されてきています。それでもなお、深いつながりへの欲求には何かしら神秘的な部分があります。その神秘を私たちは、宗教、スピリチュアリティ、哲学やもっと身近なヒーリングなどによって理解しているのかもしれません。

ハートフルなコミュニティでは、共感、コンパッション、愛が、ひとりの相手への愛ではなく、世界全体への取り組みの中心になります。仲間としての人間すべてから私たちを分離する壁を打ち破る強力な力は、ワンネス（ひとつであること）の真理です。人とのつながりが、孤立感と分離の克服に導きます。それが他者や世界との最良のつながりの形なのです。

ハートフルネスでは、この章の初めに書いたような使命を大切にします。それは何より、人を自分と同じ人間として見ることです。それだけでなく違いも、お互いの人生に大きな影響を与えうる経験として認めます。相手をまるごと全体としてとらえ、マインドフルな思いやりでひとつになる、その視点からつながるのです。

一 第一印象

私たちは、仲間や出会う相手に似た部分を認めつつも、違いのほうを見て関係性を制限しています。

1 今は親密だけれど、初めは友人になると思わなかった人を思い浮かべます。

2 最初の出会いでその人と距離を感じたのはどうしてでしょう。

3 知り合うにつれて、どんな変化があったのでしょうか。

4 10分以上かけてこの体験を振り返り書きましょう。

11 つながりを見いだす

人と自分に共通点を見つけたとき、共感が生まれます。お互いにとても似ているとわかれば、つながりに気づけます。それによって、違っていることへの恐れが克服できるでしょう。

1 よく知っている人、またはほとんど知らない誰かのことを思い浮かべます。

2 その人と自分が共通に持つ要素を考えます。性格や経験などで似ている部分です。それらを書き出してみます。

3 書いたものを読み直します。

4 目を閉じて深く息をし、その人を心の中に招き入れます。今その人のことをどう感じますか？

第 5 章

深く聴くこと

Listening

人にあげられるもっとも貴重な贈りもの、それはあなた自身の存在です。マインドフルネスで愛する人を抱きしめるとき、その人は花のように開くでしょう。奇跡とは水の上を歩くことではありません。それは緑の地球の上を歩き、今この瞬間に深くとどまり、生きていると全身で感じることなのです。[1]

――ティク・ナット・ハン

ヨシコ・メイヤーズという女性に会いに行くよう言われたとき、心に疑問が生まれました。死にゆく人に対して何を話せばいいのか？　外の天気がどうだとかの雑談に、興味を示してくれるでしょうか？　ニュースの話題がどれだけの価値を持つでしょう？　信仰の話題なら気に入ってもらえるでしょうか？　何にも反応がなかったら？　自分の気持ちを進んで話してくれるでしょうか？

もしも死について話したいと言われたら、どんな言葉を返したものかわかりません。

私はボストンでホスピスのボランティアをしながら大学院を目指し、やがて心理学者になろうとしている若者でした。ヨシコさんとは死について話すことになるだろうとは思いつつ、用意はあると自分に言い聞かせながら自信がなかったのです。

私が彼女の担当になったのは、共通の文化的背景からでした。死に臨むときに、日本人という境遇はどう影響するのだろうか、私はわかろうとしました。祖母は死についてオープンで、ほとんどそれを引き受けるように「しかたがない」——誰だって死ぬのだから選びようがないと語っていました。そして「迷惑」という表現で、家族の負担になりたくないという意志を示しました。ヨシコさんには死についてどう感じるのか聞かねばと思いながら、その機会をつかまえることができませんでした。

武士道とは、死は避けがたく確実なゆえに生きていることに感謝すること、一瞬ごとのいのちに従う姿勢を身につけること、私はそう理解しています。死は万人に訪れる、ゆえに恐れる理由はないと自らに言い聞かせ、安心していました。死の恐れと生の渇望は複雑に絡み合い、死を否定すれば生命力も麻痺すると思っていたのです。

重病や臨死体験によって死に直面し、それを悟った人たちと違って、私には自分なりの道を見いだす必要がありました。それがホスピスに惹かれた理由かもしれません。私は鈴木俊隆老師のワンネス（一如＝ひとつであること）の教えを信じ、死の恐れを乗り越えようともがいていました。

自分が川とも宇宙ともひとつであることがわからないとき、恐れが生まれる。水は細かく分かれて滴になっても、水には変わりない。生と死も同じことだ。その真実を知れば、死への恐れはもうなく、人生に困難はない。[2]

私の恐れは、ヨシコさんを自分とはるか離れた死にゆく人という特別な意識で見ていたからだ、そう気づき始めました。私のように今すぐ死ぬとは思えない人間と、死に直面するヨシコさんのような人とは、まったく違うと思っていたのです。その分離意識が死の恐れを強めていました。分離を超えるのに必要なのは、彼女が特別なわけではないと認めることでしょう。

私も同じように死に向かっているのです。その事実が、彼女も自分もこの心と体以外でないと思い込んでいることこそが障害になっているという、私自身の問題をはっきりと教えてくれました。[3]

ヨシコさんと会って何ができるのか、私にはわかりませんでした。助けるとは相手とひとつになること、文化、人種、性など、相手と自分の間に築いたすべての壁を越えてつながることだと気づいてはいました。彼女と過ごす時間は自分自身と取り組む機会であり、私自身の感情が揺さぶられてこそ、初めて私は彼女の役に立つ援助者となれるのでしょう。

私はカウンセラーでも教師でもなく、学ぶためにそこにいるのだという自覚がつねに必要でした。彼女のかたわらに腰かけていると、何もする必要はないことが次第にわかってきました。気をそらさず、自らの意志でそこにとどまり、自分の存在を注ぎ込むこと、それだけなのです。救おうとしているわけではありません。苦しみをやわらげる役には立ちませんが、少なくとも逃げてはなりませんでした。

私は、自分の苦しみを楽にするために彼女の苦痛をやわらげたいという欲求をしりぞけねばなりませんでした。彼女が何を体験しようと、私は自分のハートにそれを受け入れるスペースをつくることを願いました。それは頭ではなく、ハートの領域だとわかっていました。火中へ身を投じることを止め、逃げたい衝動と闘いながら、私は彼女にハートを開こうと努力しました。

ヨシコさんは意識と無意識の合間をさ迷っていました。静かな部屋の中で、彼女の呼吸が波の音のように響いていました。毛布の下で胸がゆっくりと上下するのがわかります。知らないうちに私は、それに合わせて呼吸し始めていました。そこにあるのは、ひとつになった私たちの息の音だけです。それは不思議な一体感でした。あたかも神秘と奇跡の世界で出会っているかのような感覚でした。

それは、日常の意識をはるかに超えた、すべてがつながっているという不思議な感覚だったのでしょうか？　思いやりは、体と心へのとらわれという分離の幻想を超えて、人と人とが触れ合う道になるのでしょうか？　私たちはそれぞれ、大きな全体の部分なのでしょうか？　他との分離はないと思うなら、ひとつの存在があるだけで、その中でそれぞれの視点から違った体験が起こっているのでしょう。私が真に今ここに存在するとき、他者という存在はなく、ひとつの存在にふたつの知覚があるだけだということがわかったのです。

私たちはあまり多くを語りませんでした。私が彼女に何を渡せたかは知りませんが、いただいたものはわかります。こちらの不安な気持ちは伝わったでしょうが、ヨシコさんはやさしく受け止めてくれました。私が手助けしたい、彼女から学びたいと思って寄り添っていることを理解してくれたのです。私はいのちをその終わりまで、ていねいに見届けることが大切だと信じていました。だからこそ、よく知らない人のベッドサイドにとどまっていたのです。そして最後の瞬間まで起こりうる彼女の成長を、私の純粋な存在によって支えることを望んでいました。

ある晩のこと、私は座ったままうたた寝しました。目が覚めて彼女を見ると、ヨシコさんが私の目をじっと見つめています。その眼差しは、私がいることに対する感謝を語っていました。彼女の目からは、ブッダやキリストの慈悲に満ちた姿に感じるやさしさと思いやりが伝わってきました。この世から旅立とうとしている彼女が、すべては大丈夫と私に伝えようとしていることを感じ、心が強く揺さぶられました。

翌日、看護師からの電話で、ヨシコさんが亡くなったと聞かされました。受話器を置いて、他人でありながら私の人生に深く触れたその人のために私は泣きました。彼女の運命を共有できたことを思い、自分のためにも泣いたのです。

そのときにはあまり気づきませんでしたが、死への直面を通して私は人生の智慧を探し求めていたのです。私はヨシコさんへの言葉を探しあぐねましたが、死を描写するいかなる考えも、言語レベルで表せる人はほとんどいないでしょう。深い言葉を装ってみても、混乱や理屈に終始するだけのように思います。

言葉によってではなく、私は「苦しいのですね」「私がついていますよ」と確かに彼女に伝えていたのです。真実の自分を差し出すことだけが、私のできる最大の行為だと知りました。

私はヨシコさんのベッドサイドに座り、待つことを覚えました。助けようとする意志と、彼女に何が起ころうと受け止める姿勢で。全霊を込めて彼女の経験していることや言葉に集中しました。心を開き、できる限りゆだね、受容し、ワンネスのスペースに入ること、それができることのすべてでした。それが、死にゆく人にとって神秘と不可思議を受け入れる助けになるでしょう。

ハートで聴く

ヨシコさんのそばに座り続けたのは、深く聴くことが人生の美しさやすばらしさを経験すること、つまりハートフルネスの道だと知ったからです。私は彼女のベッドサイドにいて、マインドフルな心で、ときに何も言わず純粋に彼女と一緒にいました。彼女の置かれた状態から逃げずに、思いやりを感じ、苦しみを共有しました。そして、できる限りの力で彼女の必要に応えようと決意し、責任感を抱いて臨んだのです。

子どものころから私は、耳を傾けることは大切だけれど、重要なのは言葉だけでなく、言葉以上のものが必要だと思ってきました。聴くとき、私たちはハートも使っています。父が自らのストーリーを語るとき、彼は私を求め、おそらく私が必要だったのだとわかりました。語りには聴き手が必要だったのです。いつのまにかそれが私の役割でした。ストーリーによって人と人とはつながり、聴くことは相手に与えるギフトになります。父は私の反応が必要だったようには見えませんでしたが、その場から離れず、よく聴いてもらうことを望んでいました。何か言うべきかと思ったこともありましたが、私がそばにいるだけで十分だと気づいたのです。

父は、人生の学びが満載のストーリーを生き生きと語りました。すべてが理解できなくてもそれが私の心に種をまき、そのいくつかがのちに人生経験として意味を成し、芽吹いたのです。一方で、母のストーリーにはほとんど言葉が伴いませんでした。彼女のあり方と行いが語りだったからです。ほとんど言葉なしでも、そのメッセージははっきりしていました。

私が10代で初めて就いたのは、病院や介護施設での夏の間の仕事でした。出会った中には無口な人もいたものの、多くは自らのストーリーを話すことを望みました。私は聴き方のコツを心得ていたようで、彼らの体を洗ったり車椅子で移動するときに質問しながら、話を引き出しました。彼らの人生からは学ぶことがたくさんありました。懐かしい思い出話、苦痛の嘆き、人生は残酷で不平等だという怒りなどです。

「なぜ自分が？」、私に答えがないのを知って彼らは問います。人生に疲れ果て、人の重荷になるくらいなら死にたいと打ち明けられ、ショックを受けたこともあります。ひたすら私は聴きました。私に言うべき言葉がなくても、彼らはかまわない様子でした。

そのうちそうした役割の重要性と奥深さが、次第に明かされてきました。私が耳を傾け、彼らの存在と苦しみを受け止めていることに感謝されているのが伝わってきました。後年カウンセリングを通して、ただそこに居て傾聴することこそ相手への貴重なギフトになるという、大きな学びを得ることになります。人に共感し思いやりをもって援助する仕事の中で、その洞察が私を支え、励まし続けました。相手の問題を解決しようとすることより、その経験が人への寄り添いを可能にしてくれたのです。

私は、自分の抱擁力と人を落ち着かせる能力の重要性に気づきました。ストーリーを聴くだけでも立派な仕事であり、職業の一部と言えるのです。私は、人の心の苦しみに応えて手を差し伸べる人間だったのです。
ヨシコさんとの体験を経て、私はカウンセリングをする心理学者――傾聴の専門家になりました。ハーバードで優れた教師のもとで学び、病院や学校でカウンセリングの指導者から訓練を受け、多くを学びました。あらゆる理論の知識を身につけ、それらを通して患者やクライアントを理解しました。しかし研究と実践を重ねれば重ねるほど、カウンセリングの要は深く聴くことであり、傾聴がハートの働きであることがはっきりしてきたのです。

傾聴の心（ハート）は、漢字の「聴く」という字によく表れています。もちろん耳は欠かせません。相手の言葉を聴くときには両耳を使います。言葉だけではなく、話し方や声色、話の流れも含めて受け取るのです。「聴く」には、数字の十と、目がひとつあります。ここには精一杯見つめること、ひとつの耳では足りないこと、他の感覚も動員することが表れています。コミュニケーションの大部分は言葉以外で行われているからです。

ごく注意深く聴くならば、言葉以外にも数種のコミュニケーションがあることに気づきます。人は沈黙や、身振り、表情、姿勢などによってもメッセージを伝えているのです。ためらいがちな話し方の中に、本当の感情が表れていることもあります。声の抑揚もそうでしょう。ある部分を大声で強調しながら、他は小声でつぶやくなどです。手や目の動き、呼吸にも注目できるでしょう。それらすべてが、その人のメッセージを運んでいるのです。

旧字体の「聽」には「王」という字が含まれています。臣下から報告を受ける王はよく聴く必要があるからかもしれません。ここには「一」という字もありますが、一点への集中を表しています。「聽」には口がありません。話そうとする気持ちがしばしば傾聴を阻害するからです。聴く気がないので話し出すこともあるでしょう。真の傾聴には沈黙があります。適切な問いを投げかけるためにはタイミングがいりますが、相手がストーリーを語るためには、割り込みをやめなければなりません。

「聴」くに含まれたハートの字に、私は一番惹きつけられます。私たちはハートで聴きます。それが相手の感情を感じ取る共感と、相手の苦しみをやわらげる心の動きであるコンパッションの基盤です。傾聴の力は、弛緩と拡大によって血液を吸い込む心臓の拡張機能そっくりです。私たちは自分の中にスペースをつくり、相手が伝えたいことを受け入れます。さらに血液を心臓が全身に送り出すように、精一杯相手に届けようとします。心臓は開いて受け入れるという存在のあり方の象徴であり、積極的に世界へ広がる性質も表しています。[4]

「聴」という字をさまざまな方向によって考察することから、深く聴くことの複雑性がわかってきました。聴くためには、散漫さや批判する心、分析、解釈、決めつけの欲求を乗り越えて、自分自身をまるごと相手に集中させることが必要になります。

傾聴の専門職

ハーバード時代には、前にも書いたキヨ・モリモト先生から傾聴を学びました。彼のカウンセリングへのアプローチは、聴く力をベースにします。クライアントと対面するあらゆる瞬間に、最善を尽くしてその場に存在すること、それがカウンセラーとしてもっとも重要であると彼は信じていました。人間として寄り添うこと、それが相手への最高の贈りものです。

私たちは先生から「耳を傾けなさい」とことあるたびに諭されました。

「はい、もちろん聴いています。次はどうすればいいのですか？」

彼は「君たちは聴いてない」と言います。

私たちは聴いていると言い張りました。同じようなやりとりを何度も続けたあと、ハーバードの教育に多くを期待する私たち学生はいらだち始めるのですが、モリモト先生は相変わらず私たちに迫ります。

そのままの自分が認めてもらえなければ人は次へと進めない、どれほど優れたアドバイスがあっても人から変わることを強制されると反発する、それが彼の教えでした。そうして力と支配権の争いになり、防御は固く選択肢は消え、抵抗は強くなる一方です。

援助の専門家の中には、傾聴は時間の無駄という思い違いに葛藤している人もいます。知識が増せば聴く必要はなくなると考えるのです。患者の言うことを深く聴こうとせず、自分の「プロとしての」能力を誇って診断を下し、治療を行うこともあります。

指導教授からあるとき、単刀直入に「君はこの授業の初めから見ると、カウンセラーとして後退している」と言われたとき、自分が道からそれているのに気づきました。私は病院で教えられた通り、知的な分析によって、プロとして患者のケースを考察していたのですから、その言葉に愕然としました。教授は、私の報告に欠けている基本的な何かを指摘したのです。そこにはハートがありませんでした。のちに振り返って、彼は私が信じることをさせてくれ、ハートで聴くプロセスにゆだねるようゆるしてくれたのだとわかって腑に落ちました。

ケアとは、まず患者の身の上話を聴き、そのストーリーを受け取ったと確認することで始まります。深く聴くことによって相手のニーズや願望を知り、苦しみを受け止めて、ハートのレベルでは人も自分と同じだと知り、思いやりを生み出すことができるのです。良い聴き方とは、メッセージの内容だけではなく、感情も含めて意味することの全体を汲み取ることです。話の内容自体は、隠れた感情に比べれば取るに足らぬことが多いものです。ですから聴き役は、細やかな感性をつねに保ちながら、話者のメッセージの全体の把握に努めねばなりません。この人は何を伝えようとしているのだろう？　この人自身にとってどんな意味があるのだろう？　と。

聖ベネディクトの言う「ハートの耳」で聴くとき、相手は話し出すことができます。苦しみは、しばしば心の内に閉じ込められて沈黙しています。恐れの沈黙の陰で、人は自分の声を見つけ、話そうと願い、自分の気持ちを受け止めてもらいたいと思っています。言葉にならない思いに耳を傾ければ、相手はいつか自分の真実を正直に話してくれるかもしれません。

そのためには、脅すような話し方で相手から聞きたい言葉を無理やり引き出そうと急かすことをせず、ていねいに気づきを働かせてスペースをつくり、人を尊重することが必要です。共感しながら人の世界に入れば、その人は私たちが自分の真実を確実に聴くことができる相手と認めてくれるでしょう。

共感的に聴くとき、私たちの脳の中で何が起こっているのか、現代では科学的根拠が示されています。研究では、私たちが人の感情を察知するとき、脳内に自然と無意識のうちに相手と同じ状態がつくり出され、脳のさまざまな部位のニューロンが活性化することがわかっています。[5] 私たちが相手の経験にぴったりと同調するとき、私たちの神経系はその人の神経活動と同じパターンに共振し、共感が心に形成されることがわかります。

お互いの経験の類似に気づけば、相手にも心地の良いつながりの共感が起こります。相手の感情を理解することが、そのまま自分自身への気づきと理解につながります。相手の感情が自分と一致しなくても、自分が感じていることを知る必要はあります。これが言葉によらない傾聴です。このとき、どちらの言葉も必要ないのです。

カウンセリングのプロとなる過程で私は、傾聴こそが人を人にする中心的な心の働きの道であることを学びました。相手の思いに関心を向け、理解し、共感し、その心の状態に対応することが、自分自身の不安や、自己陶酔や、孤立から解放してくれます。傾聴は与えることと受け取ることが同時に起こるとても大切なギフトであり、他者とのつながりをつくる方法なのです。

深く聴くことは患者に与えること、それに気づいたあとに、聴くことによって自分のほうが多くを受け取っているというさらに控えめな気づきがやってきました。カウンセラーとしての仕事を振り返り、私がどれほど人のストーリーによって豊かにされたか驚くばかりです。出会いによって患者と援助者は互いに教える役割を担い、ストーリーを伝える小さなドラマが起こります。

敬意をもって聴き、相手に注目するとき、ストーリーをギフトとして受け取ることができます。私たちは人のストーリーによって癒されることもあります。人が希望を見つける手伝いをしながら、自分の希望を見つけることもできます。私自身、相手のストーリーによって何度も助けられ、恐れが鎮まり、罪悪感がやわらぎました。病んで困難な状態にある患者のもとに派遣され、それまでまったく未知だった、私が知りたいと願っていた経験を持つ人たちと出会いました。私の内なる声は「この人はなぜそうするのか?」「その状況をいかに生き抜いているのか?」と問います。彼らのストーリーこそが答えでした。

相手を助けるには自分の変化が必要であることを受け入れるなら、傾聴はハートフルネスを育てます。精神分析医のカール・ユングは、「傷ついた医師のみが癒すことができる」と言っています。[6] どんな行動や言葉を使うにしても、苦しむ人を助けることは、私たち自身の存在——人生への眼差し、相手への愛と尊敬、自分自身の苦しみの自覚と、それらへの取り組みにかかっているのです。

積極的な傾聴（アクティブ・リスニング）

ハートの働きとしての傾聴は、行動によって身につけていく学習でもあります。聴き手の役割は、ただ話を受け取るだけではありません。18世紀の書『葉隠《はがくれ》』には、武士道がいかに聴き手の積極的な役割を重んじたかが表れています。

相手の美点をほめ、あらゆる手段で励ますこと。相手の落ち度には触れずに自分自身の落ち度を話すことで、美点が花開くように。喉が渇いたら水を飲むかのように、相手がこちらの言葉を受け取るようにせよ。それが過ちを正すことができる忠言となる。[7]

さらに現代では心理学者カール・ロジャーズが、人に寄り添う手法として「積極的傾聴（アクティブ・リスニング）」の概念を紹介しています。それは相手のストーリーにつながる手段です。アクティブに聴くためには、話し手の内側に入り込み、相手が伝えたいことをその人の視点からつかまなければなりません。それが共感することです。相手の感情を理解するだけでなく、相手の視点から自分が見ているのだということを伝えるのです。

話し手の言葉を意識的に聴くことにより、私たちはこの考えを相手に伝えているのである。「私はひとりの人間としてあなたに興味があります。私はあなたの感情を大切に思っています。あなたの考えを尊重し、必ずしも同意ができなくても、それがあなたにとって大切だと認めます。私はあなたが人に貢献できると確信しています。あなたを変えようとも、評価しようとも思いません。ただ理解したいのです。あなたの言葉は傾聴に値します。私はあなたが安心して話せる人物です。それをわかってください」[8]

私が積極的傾聴について伝えているポイントを紹介します。

1 ストーリーを聴く――話し手の言葉に注目するとともに、その話し方にも気づきを向ける。

2 すべての感覚を使って聴く――ボディランゲージで表されるような、相手の言葉以外で表される思いに気づきを向ける。

3 ハートで聴く――相手の感情とともに、あなた自身の感情に注意を払う。

4 しっかり聴いていることを相手に伝える――相手にあなたが聴いていることを、言葉や言葉以外の表現で知ってもらう。

5 何を聴いたか、どう感じたかを投げ返す――相手が自分の感情を確認できるように、あなたが聴いたことを伝える。

6 話の先をうながす――確認するため、さらに詳しく知るために質問し、あなたの興味を示す。

7 決めつけない――判断や批判を脇に置いて、安心できる雰囲気をつくり出す。

8 好奇心はほどほどに――好奇心や疑問のコントロールに努める。行き過ぎると相手のストーリーが阻まれてしまう。

9　あなたが感じていることを伝える――相手の中のポジティブで希望に満ちたサインを見逃さないように努め、相手にそれを伝える。

深く聴くための練習をすると、学生の多くは人の話を聴くことが驚くほどおもしろいという感想を述べます。本当に深く耳を傾ければ、普通で目立たないように見える人でも、魅力的な話を何かしら秘めていると気づくのです。これといって個性がなく、関心を持たれず、おもしろい話題もないだろうと無視され、敬遠されてきた人たちは、じつはまぎれもなく貴重な存在です。傾聴によって、自分と違って理解不可能だと思っている相手とつながれることに気づけたのは、目の覚めるような体験でした。

傾聴は健康面でも医療の場でも欠かせませんが、どんな関係性にとっても言うまでもなく大切です。私たちには誰でも、人から聴いてもらえなかったときにどんな気持ちがしたか、わかり合える共通の体験があります。ある部分しか聞かれなかったり、しょっちゅう割り込まれたり、無視されたりすれば、人は自分の体験や考えを話すのをやめてしまいます。そんな経験ばかりが続けば、誰も自分に関心がないと思い込み、気持ちがくじけ、失望し、怒りを持つようにさえなるでしょう。

ハートフルなアプローチでは、敬意をもって聴き、相手の苦悩を感じ、共感と思いやりを示すことを大切にします。全身全霊で人と結びつきます。私たちがハートで聴くとき、人は人生について多くを語り、相互信頼が生まれ、癒しが起こることがわかります。相手が置かれた状況への理解を深め、有効な手立てを打つための重要な鍵が見つかるかもしれません。その人の苦しみにただ寄り添うだけで、傷を癒す助けになるかもしれません。ハートで聴くことは、私たちが差し出せる最上のギフトになるでしょう。それができるすべてであることもあります。

傾聴にも限界があることは、誰もが知っています。それには時間も努力も必要です。自分のニーズを満たすとともに、私たちが責任を持つ家族や、コミュニティや、職場の人々のニーズも考えるべきでしょう。長時間、問題ばかり繰り返し話しても、相手の益にはならないことに気づくべきです。そうした現実的な限界を覚えつつ、マインドフルに聴く姿勢には大きな恩恵があります。

傾聴する子育て

子育てはさまざまな文化の中で、知識を親から子どもへ一方的に与えることと思われています。子どもはただ聴くよう期待されます。しかし聴くことはそう単純ではないと、私は経験から感じます。我が子に厳格なしつけをし、タイガーマムと揶揄されたエイミー・チュアでさえ、「とどのつまりは——子どもに耳を傾けるということなのでしょう」と述懐しています[9]。

子どもの欲求をすべて受け入れるという意味ではありません。深く聴く耳を持ち、子どもを尊重する、そうして初めて彼らの本当のニーズがわかります。ハートフルな子育てをするなら、深く聴くよう努め注意を注ぐなら、どれだけ子どもから学べるかに気づけるでしょう。

ハートフルな子育てでは、子どもが話せるような聴き方を学ぶだけではなく、彼らが聴けるような話し方を身につけます。責めたり、恥をかかせたり、決めつけたりせず、こちらの感情を伝えて聴いてもらえるよう誘うのです。通りいっぺんの話題ではなく、親が自分の気づいたままを説明し、厳格な要求の押しつけや頑固な命令ではなく、自分の意見を述べれば、子どもたちは集中して聴いてくれるでしょう。気持ちを表現する「私」を主語にした話し方によって、子どもは聴くことができるようになります。「おまえ」を主語にすると攻撃されたと感じ、防御がかたくなになるだけです。

親が子どもの欲求を否定せずに認めるほうが、より有効で満足のゆく結果になることがわかります。よくあるように、私の息子のひとりが食前に甘いものが欲しいと言ったのですが、普通は「だめだ、あげないよ。もうすぐ夕食なのに食欲がなくなるぞ」と言うはずです。こんな対応は子どもの反発心を刺激し、事態は悪化して手に負えないものになりがちでしょう。

より共感的に応えるなら、事態が収拾する確率は高まります。

「本当に欲しいんだという気持ちはわかるよ。うまそうだからな。ぼくだってひとつくらいならと思う。でも今食べたら、夕飯が入らなくなるかもしれない。あとにしないか？」

ハートフルな子育ては言葉でなくてもかまいません。私は子どものころ、日本人である母が言葉なしにコミュニケーションするのを見ながら育ち、私たち子どもにもそれを要求するので、衝撃を受けました。アメリカの知人に母が一度も「愛している」と言わなかったことを話すと、いつも信じられないという反応が返ってきました。彼女にはその必要がなかったのです。言葉で言われなくても、私たち子どもは彼女の深い愛情を感じていました。

母は、そうした以心伝心は細やかで、偽りがなく、美しいと教えてくれました。私もまた、言葉を介さない隠れた形のコミュニケーションを察知するようになりました。そうして沈黙を誠実さに結びつけるようになったのです。

コミュニティの中で聴くこと

誰かに見届けられなければ、傷は決して癒されない。[10]

――ルーミー

ハートフルなコミュニティのもっとも基本的なあり方は、お互いがありのままの自分であることです。そこでは最初にいったん止まり、沈黙することが歓迎されます。

私の経験からすると、日本では当たり前のことでした。それは「間《ま》」という言葉を持つ文化であり、言葉や音楽の流れの間に空白のスペースを入れることを重んじます。沈黙に心地よさを認め、それを尊重するとともに、人間関係でそれまで自分を表せなかった人たちに話してもらえるように努めます。アメリカや他の社会の人々の中にも、権力者や抑圧的な体制のもとで不可視化され、発言を取り上げてもらえず、沈黙を強いられてきた人が多くいます。

アメリカの主流文化は、学生たちに聴くよりも話すことの価値を教えてきました。そうした態度を身につけ、評価されることで、それは習慣化しています。けれど私は彼らに、発言の衝動を手放し、心を落ち着かせろと言い聞かせます。その代わりマインドフルになり、聴くことと内省を勧めるのです。

彼らには、「何も話さなくていい」「発言がなくてもマイナス評価はしない。むしろ傾聴を評価する」、そう伝えています。授業やワークショップの初めにマインドフルネスの実践を取り入れることで、参加者は沈黙と傾聴を尊重できるようになります。

誤解と言い争いに満ちた世界では、コミュニケーションの能力が欠かせません。しかしアメリカの教育システムは、雄弁に主張できる者に評価と賞賛を与え、議論や、説得や、言いくるめ、感化することで自説を通すエキスパートを養成しています。私たちは聴く力を失い、頭の中はプレゼンの仕方や議論に打ち勝つ考えでいっぱいになっているのです。

学校では協調や協力を大切にと言いながら、現実には次の瞬間に言うべき言葉を見つけ、競い合うことへ子どもたちをうながしています。その自己中心的なあり方が傾聴を困難にし、コミュニケーションだと思われていることも、じつは上面だけの言葉のやりとりになっています。

ハートフルネスは、ふたりがダンスしたり遊ぶのと同じく、話すことと聴くことが絡み合いながら進行する会話を重んじます。それは調和を生む、自分と人とがともに豊かになるアートなのです。

話すことと聴くことのダンスは、ストーリーの語りの中に表れます。自分がストーリーを組み立てながら、相手のストーリーを聴き、私たちは経験というものを理解します。語る人は、自分のことを語り、誰かに聴いてもらうことが人間には必要であることを思い出します。日常でも、ヘルスケアの現場でも同じです。患者は「病気というナラティブ（人生のストーリー）」を持った人たちであり、それによってどのように病気になったか、癒しに何が必要なのかが語られています。
臨床家の役割は、そのストーリーをよく聴いて意味を読み取ることであり、それが援助を可能にします。神学者のヘンリ・ナウエンはそれを「ヒーリング（癒すこと）」と呼びました。

ヒーリングとは、ストーリーを受け取り、それをまるごと理解することだ。それによって初めての人でも、世話役の助けで自分独自のあゆみ方に気づけるように。そうしてその人は今の瞬間に導かれ、向かう方向を示される。[11]

ストーリーが私たちの魂に触れ、人を人にならしめることは時代を通じて知られていました。語られたストーリーを聴きながら弱さを開示し、不完全さを分かち合うことは、たとえばＡＡ（アルコール依存症者の匿名の集まり）の自助グループのように、今でも世界中の癒しの場に共通して見られる基本的特徴です。[12]
私がアラノン（アルコール依存症者の家族会）に参加したときには、私を含め参加者は自らのストーリーを語りながら、思いやりと愛によって自分の弱さと人の弱さに橋を架けていました。そこでは、参加者がどれだけ自分自身を語り、人の話を聴きたがっているのか、人から聴かれたと思える体験が必要なのかがわかりました。その当たり前のプロセスが、癒しと自分の全体性を取り戻すという神秘なのです。それらのグループの特徴は、人類の歴史を通じ、さまざまな文化の中で起こってきた癒しのコミュニティのあり方と共通しています。[13]

ハートフルなコミュニティという環境の中では、一人ひとりが能力を発揮し、聴き手が力づけられるスペースがつくられます。忍耐強く静かに聴かれることで、話す前に深く考える余地が生まれます。私たちは、「公開の場での議論」がすべての声を拾い上げるとは考えていません。沈黙を重んじる人や、沈黙を強いられたと感じる人まで、彼らの貴重な思いを伝える方法を考えるのです。そこでミーティングの前に意見を書き並べたり、順番に話す方法をとっています。

ハートフルなリーダーシップの能力育成のために、私たちは、リーダーには行動が必要だが、達成したい目標を目指す前に、まず理解することが重要であると強調しています。最初にリーダーは、仲間や、部下や、顧客や、競合相手、大切と見なすあらゆる人々の言葉を聴く必要があるのです。デザインの考案に際しても、顧客の言葉を聴き彼らの真のニーズを汲み取るという、共感の指針が当てはまります。

リーダーは関係者に、どうすればより良いリーダーになれるか、自分が正しい方向に向かっているのかまず聞くことです。心を開いて尋ねるなら、彼らのリーダーシップについての思いを知ることができるかもしれません。傾聴は、もっとも重要なリーダーシップのスキルと言えるでしょう。[14]

ハートフルなコミュニティでは、気持ちが楽になり、人の態度や、感情や、行動が変わることができるような、誠実な理解への努力を大切にします。人の感情を理解することは、そのまま自分自身への気づきと理解につながります。心を開いて相手のメッセージを受け取り、問いを投げかけ、話をよく聴き、敬意をもって接するなら、私たちは良い聴き手になれるでしょう。そうして、友人や、家族や、職場の仲間から新たな考えを学び、良き関係性を育んでいくのです。

話を深く聴くことによって、私たちは相手の視点から世界を眺め、お互いの緊張をゆるめ、衝突を避け、問題を解決していけるようになります。自分が悩み、苦しんでいる問題や状況を打ち明け、相手が素直に聴いて受け止めてくれるとき、傾聴の価値が実感できます。相手から聴かれるだけで私たちは解放され、浄化され、癒されて、健康の増進さえも起こります。ストーリーの語りがその聴き手の脳のある部分を活性化させ、それが聴き手の考えや経験として転化されるという研究結果によって、語りの力は証明されています。[15]

禅僧ティク・ナット・ハンは、「深く聴くこと」は聖なる行為であると言います。それはゆだね、受け取り、招き入れること——聴くという行為の唯一の目的である相手の心を空《から》にすることです。思いやりで聴くとき、相手の苦しみはやわらぎます。その人自身は変わらなくても、共感と対話の基盤をつくることができたのです。その人のものの見方を変える力になりたければ、相手があなたの言葉を受け取れる準備ができるまで待つべきでしょう。ナット・ハン師は、そうした傾聴にたどりつくためには、瞑想が必要だと説いています。

聴くことは非常に深い実践です。そのためには自分を空にしてください。傾聴のスペースをつくることが必要です。対立していると感じる——自分の状況を悪化させると感じる相手なら、なおさらです。あなたが聴いて理解できることを示すなら、その人もあなたの言葉に耳を傾け、やがてあなたの痛みを伝えられるときが来るでしょう。そのとき、あなたのほうが癒される番です。それこそが平和の実践なのです。[16]

自分と相手を歪めて見ていると、そこから恐れ、怒り、絶望などが生まれ、やがて紛争や、戦争、暴力につながると彼は警告します。あなたの苦しみを理解したいという真摯な気持ちで出直すなら、相手は心を開いて気持ちを語り、双方の見方を修正する可能性を提供してくれます。思いやりの心で聴くことは、ひとりの苦しみをやわらげることにとどまらず、世界の状況を改善する道でもあるのです。

ホスピス入所者のヨシコさんは、傾聴こそ人が生きることの美しさとすばらしさ――つまりハートフルネスを体験する方法だと教えてくれた、数多くの教師のひとりでした。マインドフルに相手に寄り添う――ときには何も言わずにただそこにいる――それだけで十分であり、そのとき癒しが起こります。

その場で起こっている現実から逃げずに苦しみを分かち合い、呼吸し、恐れなく生きれば、思いやりはそこから生まれてきます。できる限り人のニーズに応えようとする心によって、私たちは愛を具体的に表現することができるのです。

Exercise 6.

受け身で聴く

言葉を返さずに、深く聴くための短いエクササイズです。自分のコミュニケーションの癖を知るための理解が深まるでしょう。

1 知り合いのひとりに、聴くエクササイズへのお付き合いを頼みます。話し役と聴き役を決めてください。

2 話し役が、最近自分に起こった問題について3分間話します（あまり深刻でないこと）。聴き役は何も言わずにただ聴きます。

3 役割を交代して同じように行ってください。

4 終了後、それぞれが話者、聴者としてどう感じたかを述べます。

‖ 積極的に聴く

聴く力は実践によって高めることができます。

1 本章中の積極的な傾聴（アクティブ・リスニング）の部分を読み返します。

2 一緒にいる相手が何かを話したがっていることに気づいたら、意識して聴き役になります。

3 積極的な聴き方のステップに沿って対話します。話しすぎず、アドバイスすることや、いつものような堂々めぐりを避けてください。

4 終了後10分間とり、体験を振り返って書きとめてもいいでしょう。

第 6 章

受容

Acceptance

人間はゲストハウスだ。毎朝そこには新しい宿泊者が到着する。喜び、落胆、意地の悪さ、ほんの一瞬の目覚め、それらは思いがけなく訪れる。すべてを残らず受け入れ、世話しなさい！　部屋の家具を残らず乱暴に奪い去るような悲しみの群れであっても、客は誰でも丁重にもてなしなさい。彼らはあなたを大掃除し、新たな喜びをもたらすかもしれない。[1]

――ルーミー（詩人）

43歳のシズコさんは、ＡＬＳ（筋萎縮性側索硬化症）の中期に差しかかり、身体の自発的なコントロールを失いつつありました。初めてベッドサイドに腰かけて彼女に話しかけたとき、自分の心に強い恐れがあることに気づきました。不自由な体に閉じ込められて生きるのは、どんな気持ちがするのだろうと。マインドフルであろうと努めながらも、昔はきっと美人だったのだろう、その肉体がこうして進行性の病気に見舞われるとはなんと痛ましいことだ、そんなことばかり考えていました。

病気の状態が重いのにもかかわらず、一緒にいるシズコさんはいつも笑顔でした。初めのうち私は戸惑い、本当に大丈夫なのだろうかといぶかりました。なぜ泣かないのか？　悲惨な運命に怒りをぶつけないのか？　それどころか、医師や、看護師や、家族や私に、恵まれた良き人生に対しても感謝し、お礼の気持ちを表すのです。

彼女は私の教師となりました。一緒にいる私の恐れに気づくと、彼女はこちらの目をまっすぐ見つめ、やさしく話しかけてくれます。「わかるでしょ、私たちはこの体だけじゃないのよ」。腰をかけながら私の手を彼女の手に添え、ともに安らいだ沈黙の中にいることもありました。彼女のやさしさと思いやりによって、私の恐れは鎮まりました。

シズコさんとの関わりから、深遠な何かが生まれつつあるのがわかりました。人間どうしのつながりによる深い気づきによって、私は目覚め始めていたのでしょうか？　彼女の肉体の中で、誰の体にも共通して言えるように、魂が成熟し飛び立つのを察知したのでしょうか？　不安は影をひそめ、心が彼女の安らぎの輝きに浸されているのを感じました。彼女の熾烈極まる衰弱に対する私の恐れを、シズコさん自身が解放する手助けをしてくれたのです。

それでも、日々そのように肉体に閉じ込められて生きることが想像できない私に、彼女は表面的な肉体の現実を超えて見る可能性を示してくれました。もうひとつの世界観に目覚めれば、それほどの極限状態にあり、明らかに悲劇的に見える人生さえも、一瞬一瞬の豊かな美しさに変わりうるのです。人生の劇的な肉体上の変化を潔く受け止めるシズコさんを間近にして、私は人間の精神の回復力への認識を新たにしました。

シズコさんは運命を受け入れていました。運命は変えられませんが、現実をどう生きるかは選べるのです。私たちはいつでも、ありのままの現実に向き合おうとせず、ただ人生がこうあってほしいと望んでいます。人生を歩むにつれて、私たちは変化してゆく瞬間ごとの流れの中に、全身で飛び込むことに抗うようになります。それどころか、無理やり逆行し、渇望する反復にはまり込んでいます。

あるがままの現実にゆだねれば、人生はどう変わるでしょうか？　ヴィクトール・フランクルはナチスの死の収容所の体験に触れ、「状況がどうしても変えられないとき、自分自身が変われるかどうかが迫られている」と述べています。[2]

現実をそのまま受け入れることと、より良い方向へ変えるべく行動することのバランスを見つけるのがハートフルネスです。人生は、意志の力ではいかんともしがたいことばかりだと教えます。どれほど順調に見えても、私たちの意志決定の力を超えた何かが存在するのです。私たちは現実を受け入れ、起こる出来事にまかせ、すべてがうまくいくはず、何が起こっても乗り越えられると思えるかどうか試されています。受容は自分と人へのやさしさを生み出し、責任ある行動によって私たちを蘇らせます。

シズコさんは私に、やさしい心、まかせる姿勢や、自分自身やまわりの状況、運命や試練とともに生きる姿を見せてくれました。自分と自分が生きる世界を素直に受け入れていました。そして私に、苦しみがあっても人生は良いものだと信じている、生きているだけで十分だからと教えます。どれほど辛かろうが彼女は、いかなる条件も超えた彼女自身を表し、すべての体験に心を開きました。それが、彼女の人生を大いなる自由、真実と智慧へと広げていったのでしょう。

もしシズコさんに、なぜ乗り越えていけるのか聞いたとすれば、おそらく37歳でガンで亡くなった医師で作家のポール・カラニシのように答えたと思います。「秘訣といえば、窮地に追い込まれ、負けるのが明らかで、持ち札や判断が違っていたとしても、勝つのをあきらめないことだ」[3]。シズコさんは、現実は選べず完璧は目指せないが、たゆみなく努力し向かうべき目的があることを確信し、誰よりも深く物事を受容していました。

日本文化に見る受容

シズコさんも私と同じように、人生のすみずみに浸透する「しかたがない」という精神性に育てられたのでしょう。文字通り解釈すれば、対処法がないのだから、疑問や不平など無意味だということです。個人的欲求は認められません。すねてみせてもしかたがありません。「しかたがない」とは、自己憐憫や泣き言は役に立たないということです。そこには、ないものを欲しがるのではなく今あるものに感謝し、こだわりを捨てて今できることに取りかかりなさいというメッセージがあります。

前に紹介したキヨ・モリモト先生は、日本の和歌山県からの移民である両親のもと、アイダホのジャガイモ農場で育ちました。1941年、太平洋戦争が勃発したとき、24歳でアメリカ軍に召集され、世に知られた第442連隊戦闘団に入隊、ヨーロッパに派兵されました。先生にとって、それは誇らしくもあり悲しくもある経歴です。戦争の恐怖によって深い傷を負ったからです。

彼と若い仲間たちは国のために従軍することを選びましたが、年長の世代の多くは、アメリカ政府によって強制収容施設に送られる運命を受け入れる選択をしました。心の中で「しかたがない」とつぶやきながら。若者として彼は、そうした年長者（一世）たちのあり方は受け身の意思放棄であり、戦わずしてあきらめることだと思って失望し、怒りを覚えました。しかし年を経るにつれて、それも人生で変えられない事態への対処法だと、見方が変化しました。それは自らの弱さや無力さを受容し、さらに育む道なのです。

そうした受容から、人々は犠牲者の鎖から解き放たれ、政府に申し立てをし、歩き出したのです。「しかたがない」は、創造的で建設的な行動につながる新しいエネルギーを感じ、苦痛と後悔ではなく感謝に満たされて生きるあり方だったのです。この受容の仕方に、変化につながる可能性があります。変えられないことを受け入れることで、逆に自分に可能な変化への行動が生み出せるのです。

先生はこう書いていています。

自分の立場を知り、それを受け入れれば、その場の状況の限界の中で新しい可能性と自由を発見し、自分自身を知ることができる。日本出身の一世たちは、自分たちの無力を認め尊重することで、不毛な強制収容施設の中でも、愛らしい花や野菜の庭園の世話をすることにエネルギーを注ぎ、力強い詩を書いたり、洗練されたアートを生み出すことができた。毎日が人生のギフトだと彼らは知っていた。人生より大切なことがあるだろうか？　威厳と愛をもって生きること、それは神からの賜物である。[4]

モリモト先生のような日系アメリカ人の男性が、戦争という決死の状況に対し、いのちを賭して国やコミュニティのために戦いました。抵抗運動や不公正への抗議をして、合衆国のために戦うのを拒む人たちもいました。しかしほとんどの年長の世代は、ただ静かに「強制収容施設」に赴いたのです。どの決断も勇気から生まれたものであり、人生の困難な状況に適切に対処し、生き生きとした人間の精神のパワーを教えてくれます。

「しかたがない」は回復する力、どんな状況下でも最善を尽くす心です。収容施設から解放されたとき、多くの人がすべての財産を失ったことを知り、生活再建にエネルギーを注ぎました。そして子どもたちが社会的に自立し、責任をもって生きられるよう導いたのです。

「しかたがない」という言葉は、仏教の概念であるドゥッカ（苦）につながります。苦とは、現実は思ったようになるとはかぎらないことを意味します。子どものころ聞いて、人生が苦とはなんと悲観的な考えだろうと思ったものです。それは、私が築こうと奮闘していたもろい楽観主義をぐらつかせました。大人になって避けがたい人生の現実に直面し、人間であることの本質を知っておいたほうがいいことを悟りました。

普通、人はそう考えません。幸せで、希望にあふれ、楽天的でいたいと望むからです。人生とは楽しいものと、私たち現代人は考えたがります。セルフヘルプやポジティブ心理学の書籍が店頭に並び、どうすれば幸福になり、成功できるかをアピールします。幸福を高める考え方、行動、生き方を学ぶ機会には事欠きません。しかしそれらも、ダライ・ラマの「幸福を手に入れようと奮闘するより人生そのものを受け入れなさい」という言葉は支持するのです。

> 現代西洋社会では、この世は基本的に生きやすく、人生は公正なもので、自分が善良であり、幸運に恵まれて当然だと広く信じられている。こうした信念は、幸福と健やかさを増すためには必要だ。しかし、避けがたい苦しみに襲われたとき、その信念は崩れてゆき、幸福で思った通りに生きることは難しくなる。[5]

人生は避けられない苦しみと必然的な喪失に満ち、それらが公正や善良という信念を崩しにかかってくることがあります。どうにもできない事態に日常の中で遭遇すると、気持ちがくじかれるでしょう。私も今まで生きてきて、多くの人と同じように、自分の非力に憤りをぶつけても意味がないと思い知らされました。試練をハートフルネスで受容したとき、心に安らぎと静けさが訪れました。自分の弱さに気づき神秘に心を明け渡したとき、私は人に思いやりが持てるようになり、今あることに感謝するようになったのです。

日本文化の中に見る忍耐

日本人のハートフルな現実への対処法には、「がんばる」もあります。２０１１年東日本大震災での地震と津波の被害、原子力発電所事故の際には、「がんばって！」というシンプルなメッセージとともに、善意ある人たちが大勢援助に駆けつけました。「がんばる」という考えは、人生に向かう態度として日本文化に深く根づいています。仕事やスポーツ大会やテスト前の勉強などの場面で、気軽に「力を尽くして」「逃げないで」、そして「あきらめないで」と励ましにも使われています。

人から「がんばってください！」と言われてがんばることはありますが、実はがんばりの精神は内側から生まれるときに一番強い力を発揮します。心理学ではこれを「内因的な動機づけ」と呼び、外側からの「外因的な動機づけ」と区別しています。内因的な動機とは、自分のために力を尽くすということです。うまくいくとはかぎらなくても、決してあきらめない、最後まで粘るということです。危機的な状況では、不平を言ったり、利己的にふるまったり、過ぎたことを悔いたりしそうになることもありますが、そういった感情を持っているとがんばることはできません。「がんばる」は、責任ある行動へと人を後押しするハートフルな言葉なのです。

「七転び八起き」は回復力を表す日本の格言で、何度打ちのめされても立ち上がることです。教育、ビジネス、スポーツや武道など、日本文化のあらゆるところにこの倫理観は頻繁に見られます。困難な時期にはとくに、この格言の精神を思い出すことが必要です。人生に特効薬はありません。真に価値あることには、努力と忍耐がつきものでしょう。肝心なのは、力を尽くしあきらめないことです。

「七転び八起き」は、成功者も人と同じく挫折も味わうが、あきらめない人たちだということを表す言葉です。彼らは試練を問題ではなくチャンスととらえ、挑戦をやめません。立ち直りたくましく成長するそうした力は、自己責任と刻苦勉励ばかりではなく、人間らしさやコミュニティへの帰属意識と貢献を重んじる文化の特質です。

２０１１年に津波の被災地を訪れた私は、ハートフルネスの精神を体現するような人物に出会いました。彼は妻と息子を亡くすという大きな喪失のあと、いかにして生きるべきか知ろうとしていました。私は彼に毎日どうして過ごしているのか聞きました。彼が微笑みながら話したのは、まず妻と息子を思い出し、今も抱える喪失感とつながりを感じるということでした。そして人生の神秘に深く思いを向け、自分に言い聞かせるのです。「今生きているのは尊いこと、人生を無駄にはしまい。精一杯自分を大切にし、人に尽くそう。行動に移すときには、できる限りのことをしよう」

彼ができることは、ただ思いやりをもって聴き、責任をもって行動することでした。「がんばって」はパワフルな言葉だけれど、真意が伝わるときもあれば、生き残った人には届かないこともある、彼はそう話してくれました。そうしたときには、彼らから正直な思いを話してもらい、できる限りそばにいるようにします。多くの場合「しかたがない」のほうが惨事への自然な反応で、それで無力感を受け入れられます。しかし一方で、時宜を得た「がんばって」が必要な人たちもいます。

災害のあとの日本人の落ち着いた、忍耐強い、整然とした行動は、世界の賞賛を集めました。それは自然に対する「しかたがない」の精神を反映しています。自然に対する畏敬の念や、共生を重んじる態度は、太古から繰り返された地震などの天災によって培われたのかもしれません。自然の激動に直面し、無垢な人々が亡くなり苦しむのを目の当たりにして、日本人は無力感を知りました。

書くこともまた助けになります。１９９５年の阪神淡路大震災のあと、絶望的な状況下で被災地の人々はたくさんの俳句をつくりました。同じように２０１１年の災害のあと、多くの人が詩作に助けを見いだしました。津波の打撃を受け生き延びた岩手県の佐藤勲さんも、そのひとりです。[6]

彼は言います。「大海原から巨大な津波が襲いかかり、私が一生かかって築いてきた家と財産をそっくり奪い去りました。けれど気を取り直して見回せば、私にはまだ家族があり、初夏の気持ちのいい爽やかな風がまたやってきているのです」

そしてこの俳句を詠みました。

身一つと
なりて薫風《くんぷう》
ありしかな

この俳句には、喪失という体験からも、残されたものへの感謝が生まれうることが美しく表現されています。俳人は風の心地よさに、まるで悪夢から目覚めたかのように、惨事を乗り越え自分が今生きていることに気づくのです。それでもなお人生は続きます。すばらしい風に気づきを向けるのは勇気あることです。そこから新たな気持ちと生きる意志が芽生え、失望と無力感を吹き払います。どんな災厄が起ころうとも変わらない自然に対する信頼が、犠牲者だけではなく、人類として不確定な世界に住む日本人にインスピレーションを与えました。

自然を信頼し、現実を自らの好悪によらずそのまま受け入れる価値は、受容の哲学にもとづく日本の伝統文化に深く根づいています。禅や民間療法、たとえば森田療法や内観などは、受容すること——自分でコントロールできないものを受け入れれば、新しい気力が湧いてくると教えています。
この考えは、今持っているものに気づき、それに感謝すれば幸福感が育つという、科学的な研究によってさらに強化されます。たとえば最近では、毎日感謝しながら生活するほうが明るい気持ちになり、関係性が豊かでストレスや逆境に強くなるという結果も出ています。[7]

自分が育った環境から、私は受容をつねに東洋と西洋両方の観点から考えますが、そうしたパターンは一般化、単純化されすぎていると感じます。育ったアメリカでは行動や変化が重んじられますが、日本文化は受容を認めます。私にとってこの両者のバランスは、誰も体験することでしょうが、依然として困難です。

私たちは、積極的な自己主張への欲求と、人生が与えることを受容し、流れにまかせることのバランスを図っています。どちらにもふさわしい時と場があります。生きる工夫とは、今はどちらが求められているのか察知することです。流れにまかせる姿勢はアメリカでは消極的ととられ、日本では逆に積極的と評価されます。それは生きる技であり、日々力を出し切ることであり、人間存在の複雑性、あいまいさ、不確実性を尊重しつつも、すべてはうまくいくと信じることです。ただ注意すべきは、行動するのが恐ろしくて、流れにまかせる生き方をしてしまう場合です。ハートフルネスは、自分の本音にていねいに気づき、自分と人に思いやりと責任を持ち、そうした理解に至るための道なのです。

「バランス」には違った意味もあります。アメリカでは、食い違いを避けるために矛盾点を解決し、乗り越えていくことです。日本でバランスといえば、両者がちぐはぐなままに、違いを解決するより不均衡や食い違いを大目に見ることとされます。この考え方では、人間がすべてを思いのままに制御することはできず、明確な決断をしなくても、多くの問題は自ずから解決していくことになります。結論を焦って行動するより、自分を超えたパワーにまかせるほうが良い結果を生む場合もあるのです。

バランスと混合を知る智慧のひとつに、道教の哲学の陰と陽があります。女性性と男性性の原理である、対称をなしつつ補い合うこの両極は、各々意味を持つ明暗のバランスとして表現されます。このバランスは、ふたつの原理の緊張ある調和なのです。人間も動的秩序と関係性の構造に含まれ、そこではすべての要素が欠かせない機能を果たしています。日常的に見ると、バランス感覚を持つということは、科学が幸福の条件として定義する喜びと悲しみの感性を最大限に育て、日常の役割をこなしつつ、同時に人生の深い存在論的な問いにも触れていくことを意味します。[8]

静穏の祈り

受容は仏教の考え方だと言われることがありますが、神学者ラインホルド・ニーバーによる「静穏の祈り」にも、キリスト教的受容のメッセージが表れています。

神よ、変えることのできないものを静穏に受け入れる力を与えてください。
変えられるものを変える勇気を、
そして、その両者を区別する賢さを与えてください。

変えられないことが人生に起こったとき、それを受容するしかないという事実に慰めを見いだしなさいと、この祈りは教えています。変えられぬものを変えようともがけば、人の魂は損なわれます。それは屈服や敗北にゆだねることではありません。むしろ、置かれた状況の中でできる限りのことをし、変えられることは変える勇気を求めます。可能性があるなら行動することが必要なのです。

では、状況が変えられないという判断はいつできるのでしょうか？　自然災害、怪我や病気、人生の中ですでに起こったことのすべては、疑いなく変えられません。では変えうるものとは？　大きな疑問が残ります。古代ギリシャの哲学者エピクテトスは書き残しています。

　力の及ぶことは精一杯努力し、その他はなるにまかせよ。自分次第で決まることと、そうでないことがある。思いは自らの意志から発するが、衝動、欲求、嫌悪感などもそうだ。しかし体は思いのままにならず、財産、名声、公の仕事など、そういった類のすべてもまた私たちの手の内にはない。[9]

「しかたがない」という考えが消極的すぎるという人もいますが、静穏の祈りに込められた受容もまた、逆境に対するあきらめと感じる人もいるようです。行動の部分が強調されたほかのバージョンでは、静穏の前に「変える勇気」を求めています。

「父よ、私たちに変えるべきことを変える勇気を与えてください。しかたがないことを受け入れる静穏を、そのふたつを見分ける洞察を与えてください」

祈りの3段目の「違いを見分ける智慧」を得ることは難しいものです。どうすればそれがわかるのでしょう？　さらに新しく長いバージョンでは、以下のように役立つ指針を含んだ文章が加わっています。

一日ごとを生き、
一瞬ごとを味わい、
困難を安らぎへの道として受け入れなさい。

これは世界を違ったものにするより、自分がマインドフルに生き、世界をありのままに受け止めるハートフルネスのメッセージです。それは若者や、欲求を充足させる手段がいくらでもあり、何でも手に入る特権的な人々には簡単ではありません。理想に反して物事が思い通りにならないという痛みに満ちた気づきは、あきらめや失望をもたらします。人生で欲しいものが必ずしも得られないとき、自分の弱さやもろさに向かい合うのは大きな試練です。環境や自分自身を変えねばならない圧力に押しつぶされ、希望を失うかもしれません。

そんなときこそ、これまで深く省察してきたハートフルネス――初心、ヴァルネラビリティ、真実性、つながり、傾聴が役に立ちます。一瞬一瞬を生き、未完成な人間として生き、真実の自分で存在するのです。相手に目を向け、耳を傾け、つながるとき、人生はすばらしいものになります。

すべてを把握し、欲求を果たさなくても、生きる喜びは味わえます。私たちはその瞬間のすばらしさを愛で、己の限界をわきまえつつ、自分は宇宙の中心ではないと謙虚に認めながらも十分幸福になれるはずなのです。

私は、日々の仕事や、勉強や、洗濯や、料理、勤めなど、私にとって退屈と感じる日常生活の物事をこなすことが受容であると無理に思おうとして苦労しました。典型的な概念の世界に生きていて、意味ある仕事や真の人間関係を結ぶ力が麻痺していたのです。私はあるべき世界という幻想を手放すしかなくなり、今あるもので十分、人に差し出せるもの――この本を書くことや教えること――で十分だと自分に言い聞かせています。受容は私を周囲の世界と結びつけ、心の痛みや現実につきものの退屈さと進んで関わることで、人生の切望と日々の目的実現に向かわせてくれます。

受容という考えが若者から屈服ととられ、反発されることはつきものです。政治集会では、フェミニストのアンジェラ・デイヴィスの引用と思われるメッセージがよく見られます。

「私は二度と、変えられないという事実を受け入れない。受け入れられないことを変えていくのだ」

受容にはゆだねることが必要です。（ヴァルネラビリティなどの）その他の言葉も、ネガティブにとられる場合があります。しかし、ゆだねることはどのように起こるのでしょう？　宗教者は答えを持っています――神を信じることです。とくに信仰のない人にとっては、生まれて生きる目的を考え、まったく不確定な世界の中で潔く生きていくことが求められています。

スピリチュアルな導師であるラム・ダスとミラバイ・ブッシュもハートフルなアプローチについて書いていています。

思いやり（コンパッション）の行動は逆説的で神秘的だ。思いやりは絶対的でありながら、つねに変化する。すべては必然的に起こると認めながら、全身全霊で関わり、変えようとする。目的を持ちながら、すべてがプロセスだと自覚する。苦しみのさなかで喜び、圧倒的な逆境に直面しても望みを失わない。それは複雑で混乱した世界の中でじつにシンプルだ。人のために行動しながら自分を豊かにする。強くなるために守る。苦しみを消そうとするが、苦しみには終わりがないことも知っている。それは空《くう》から生まれるアクションなのだ[10]。

静穏の祈りが求める智慧は、人であることの二律背反――無またはすべて――の間に見いだされます。そこにとどまることで、私たちは無力感と傷を見せられ、何を受け入れ、何が変えられるか知ることができるのです。しかし、自分の能力、特権、被害者になった経験などが、その見極めを困難にしています。被害者になった記憶は、現実は変えられないという思い込みと自己規制に私たちを閉じ込めるのです。

私たちは、生きるだけでも時間とエネルギーが多く必要なのに、個人とは無関係に起こっているかのような世界の問題まで解決しようがないと感じます。現実を変えるためのエネルギーを蓄えるより、自分を被害者だと思うほうが早いのです。自らの内にある行動の力を発見し、そうした被害者像から抜け出さねばなりません。

自由を縛る犠牲者感情を乗り越える必要について、キング牧師は言っています。

自分を犠牲者でしかないと見ることをやめ、自分と人に聖性を認め、愛と思いやりを「感傷的な弱さ」ではなく、究極の真実に導く扉の鍵として認めること、そうした新しい人間として自分を見直すことだ。[11]

森田療法

受容の探求を進めるうちに、フロイトやユングと同時代ながら禅修行に影響を受け、根本的に異なる思想を持った精神療法家森田正馬《まさたけ》に出会いました。[12] 彼は、自己の本性を受容することが癒しに欠かせない要素であると信じていました。自分を変えることより、自然の流れのゆくままにまかせるのです。

森田は、不安を生み出し続ける思考を消すためにコントロールや理性の行使を試みても、逆に不安は強まり、より鋭敏になると警告しました。かえって意志では変えられない出来事やものの性質が人生にあることを認め、それを受け入れたとき、安らぎが訪れると説きます。患者に対しては、妄想や不安によって、または症状をすぐに取り除こうとして治療を放棄することなく、ありのままの苦しみを受容するよう要請しました。症状を取りのけようとするのではなく、自発的な回復にまかせること、それが治癒への道のりだと彼は信じていたのです。

森田は、健やかな生き方の道をこう説明しています。

自分の行動を自覚する、
状況が自分に何を求めているかを自覚する、
そして両者の関係性を知ること。

この療法では、マインドフルに観察する力を養いながら気質の改善を図り、自力でできることとできないことを識別し、期待感にしがみつかずに現実をじかに観察します。患者は、知的な理解を避けて、一瞬ごとに起こる現象を受容しながら注意を向け、今という瞬間から意識をそらさないように誘導されます。「しかたがない」と同じように、ありのままの現実を受け入れることが、必要な行動のための能動的な対応を可能にするのです。静穏の祈りのメッセージにあったように、ここでも変えられることと変えられないことの区別が大切になります。

私たちは意志の力で自分の外の条件を変えようとする習慣がありますが、森田療法は、物事をそのまま受容し、困難を見つめることによって効力を発揮します。自力の試みで現実が変化し、それが有効に働く場合もあるでしょう。しかし意志の力を頼む姿勢は、自力が通用しない事態に会ったとき方向を失います。人の私たちに対する考え、感情、行動を操作したいと思うときなどがそうです。そうした経験を通して私たちは、人生が必ずしも思い通りにならないと知り、ありのままを受け入れるようになります。人がこちらの望み通りにならないので、その人自身を受け入れるしかないことがわかるのです。

森田の哲学には、ハートフルネスが表れています。それは自分や人や周囲に対して強い意志を通すより、自身と世界を素直に受け入れる穏やかな姿勢です。人に変わることを強要せず、その人のありのままを尊重します。自分の限界とすばらしさを受け入れ、自分へのやさしさを人にも向けるのです。自責で自分を傷つけることをやめます。それは細やかな感受性を傷つけ、自己の良い性質を封じ込めてしまうかもしれません。

「あるがまま」は、受容と変化への欲求のダイナミックな緊張をはらむハートフルな生き方を表しています。それは、変化に向かう積極的な行動への意志と同時に、今の自分と人生を無条件に受容することを表す言葉です。自己批判や、いつも自分は不十分という思いに溺れず、「これでよし」と自分をやさしく受け止める態度です。

こうしたセルフ・コンパッション（自分への思いやり）のアプローチは、不安定な思考や感情を認め、行動を目の前の現実と目的の両方につなぎとめます。森田療法では、不快感をやわらげたり理想的な精神状態を得ることよりも、人生をもっとも意味深く生きるための建設的な行動を重んじるハートフルなアプローチをとります。それは受け身で投げやりどころか、前向きで力に満ちた受容なのです。

受容と変化への意志は複雑な形で関わっています。変えられない現実の受容が、そのまま変えられることは変える勇気につながるからです。自らの症状や感情に対応しながらも、前向きな行動は止まりません。行動にコンパッションが込められることで良い気質が伸び、行動から癒しが生まれること――これがハートフルネスの具体化です。感情に押し流されずに、目的と責任を携えた決意によって、勇気を生み出し活力を得るのです。

私や同僚が長い時間を費やし、西洋心理療法のトレーニングで身につけたのは、クライアントの欠点を拾い上げて、事態が好転するような解決策を見つけることでした。私たちは、症状の軽減に努め、相手に合った部品が見つかったら交換するように「修理する」ことを教えられました。解決に向けて行動し、あいまいさに折り合いをつけること、それがカウンセリングの目的だったのです。

しかし現場経験から学んだのは、変えるための努力がふさわしいとはかぎらず、唯一でもないということでした。努力を手放したときに変化が訪れることもあります。幸福についての研究では、無理に努力しないほうが幸福感が高まるという結果も出ています[13]。

私は長年かかって、相手自身にまかせたとき信頼関係が成り立つことを学びました。カール・ロジャーズの人間性心理学によるクライアント中心療法を行っていたときのことです。ロジャーズは、人は自分をそのまま受け入れたとき変わることができるという、奇妙な逆説に気づきました。私の経験でも、クライアントが自分が人から受け入れてもらえたとわかったとき、同じように変化が見られたのです。それは彼らが人生に新しい可能性を見いだし、希望を抱いた瞬間でした。ロジャーズの手法は、治療したり、手当てしたり、変えようとせず、相手に押しつけることをしないで受け入れます。セラピストに要請されるのは、相手の成長に役立つような関係性を提供できるかどうか、ということだけでした[14]。

ハートフルなアプローチをする心理療法では、こちらが理想とする状態に達しないクライアントを不完全だと見るのではなく、今の状態をそのまま尊重します。相手が劇的な変化と受け身の状態の間にとどまることをゆるし、その人の弱さや育てられた文化の限界を大切にするのです。家族や社会を尊重しつつ、個人的な価値の充足を重んじ、行動の個人的責任と同時に、問題の原因が他者や社会にもある可能性にも気づいています。

療法としての受容が頻繁に行われ、もっとも一般的にハートフルネスが表れるのは自助グループでしょう。そうした非公式なグループでは、極めて似通った苦しみを持つ者どうしが集まり、ストーリーを分かち合います。そこにいるのはプロの療法家ではなく、ファシリテーター（世話人）だけです。そうしたグループが世界の多くの国で、毎日のように受容のメッセージを広めているのです。そうした場が弱さを受け止め合うことで、多くの人の励ましの源になっています。[15]

手放すこと

たとえば、私が付き添ったシズコさんのようなＡＬＳの患者の存在が、人生のあらゆる苦しみを受容することが生きる鍵である、という真実の理解を助けてくれました。生きていれば必ず喪失を体験します。私自身老いるにつれ、喪失の受容には終わりがなく、それが日々の試練であることを知りました。あるときひとりの高校生に「人生で一番難しいのは何ですか?」と聞かれ、私は迷わず「手放すことだよ」と答えました。

私たちは育ちながら物や人を愛するようになります。それでもすべては変化します。必然的な喪失にかぎらず、どんな喪失も私たちを苦しめます。過去のことでも、未来に描く何かでも、欲しかった何かをあきらめるのは難しいレッスンです。持つべきでないものを手放すことも学ばなくてはなりません。

しかし、一番大切なものを手放すにはどうすればいいのでしょう? 子どもを愛し、子育てが好きでも、やがて彼らは成長し、あなたを必要としなくなり自立していきます。それは自然の法則です。手放すしかありません。体が老いてゆくとき、若さを手放します。潔くそうするためには何が必要か、私たちの挑戦はそこにあります。

聖書の言葉に慰めを求める人もいます。歌でも知られるようになった一節です。

「天の下のすべての物事には時があり、すべての業《わざ》には時がある」16

手放すとは、人、ペット、考え、物品、出来事、特別な一瞬、景色、欲求――何であれしがみつくのをやめることです。それは、今この瞬間に、変化の激流の真っただ中に飛び込む意識的な決断です。手放すとは、強要せず、抵抗やあがきをやめることです。そうすれば、私たちは執着や拒否感にとらわれずに現実をあるがままにまかせ、もっと強力で健やかな何かを得るでしょう。

かつて息子の高校卒業式に立ち会って感動しました。学生のひとりがローリング・ストーンズにヒントを得た歌を披露したのです。

欲しいものが手に入るとはかぎらない（繰り返し）
欲しいものが手に入るとはかぎらない……
でも努力すればたまには
欲しいものが手に入ると
わかるかもしれない[17]

彼らの詩への情熱は、人生には意志でコントロールできないことが多すぎるという気づきから生まれるのかもしれません。どれほどうまくいっても、生きていくうちには自力で思うような結果が出せないことも起こります。欲しくても手に入るとはかぎらず、すべてが思い通りにならないこともわかっている、それでも必要なものに向かって努力はできる、若者たちはそう叫びます。

ハートフルな子育てや教育では、若者たちに、欲しいものが得られないときこそ、根本的な変容と「成長」に気づくよううながし、励まします。そのとき、現実を受け入れ、起こることにまかせ、すべてがうまくいく――何があっても乗り越えられるという自信を得て、人生の教訓を受け取ることができるでしょう。行動で起こす変化だけでなく、受容から生まれる現実の変化を、忍耐と、受容と、開いた心で生きられるようになります。そのとき、自分自身でいるだけで十分で、それによって成長することもできると、自分や人に言うことができるのです。

―流れるか、漕いでいくか？

次の質問をよく考え、浮かんだことをノートに書きとめます。

1 私が受け入れるべきことは何だろう？

2 変えるために勇気を持つべきことは何だろう？

3 「流れにまかせる」と決めたとき、または「自ら状況を変えようとする意志を手放した」とき、うまくいった経験があるだろうか？

4 「漕ぐこと」を決めたとき、つまり積極的に行動したとき、うまくいった経験があるだろうか？

11 平静さと勇気

静穏の祈りをよく読んで問いに答えてください。

神よ、変えることのできないものを静穏に受け入れる力を与えてください。
変えられるものを変える勇気を、
そして、その両者を区別する賢さを与えてください。

1 人生に起こったことで、自力で解決できず無力感や弱さを感じたことを思い出します。それをどのように受け入れましたか？ 10分間で思ったことを書きます。

2 人生に起こったことで、自力で解決できたことを思い出します。その行動をする勇気を持てたのはどうしてでしょうか？ 10分間で思ったことを書きます。

3 変えられることと変えられないことをどう見分けますか？ 5分間で思ったことを書きます。

第 7 章

感謝

Gratitude

私たちは感謝と謙遜を学びました――閃《ひらめ》きを与えてくれた先生から、学校をいつもきれいにしてくれる管理人から、とても多くの人たちの協力の上に私たちの成功があるということを。そして私たちは、そうした一人ひとりの貢献を尊び、彼らすべてに敬意を払うよう教えられました。[1]

――ミシェル・オバマ

かつてはかなり饒舌だった祖母の光《みつ》は、この世に身を置く111年間の最後が近づくにつれ、ますます口数が減っていきました。また来られるとは知っていたものの、妻と姉はこれが最後かもという思いに心を痛め、ご無沙汰ばかりしていることを謝っていました。しかし祖母は、「心配ないから、大丈夫」と示すように手を振り、両手を祈るかのように合わせて合掌し、「ありがとう」と口にしてうなずきました。

彼女が昏睡状態に陥り「山頂に近づいた」とき、私は急遽日本に取って返しました。おばあちゃんと呼ぶと祖母は目を開き、私を見ました。「あなたをお待ちだったのですよ」、老師は言いました。その後しばらくして食べものも水も受け付けなくなり、数時間ほどのうちに沈黙が訪れました。

私たちは、彼女が生まれた山村の、一族が寺に土地を寄進した場所へ遺体を運びました。私はもっとも近い親戚として葬儀の進行を担いました。細々とした必要な儀式の段取りをこなすことで、私の哀悼の気持ちは消耗しました。冷え込むお寺の中で一息入れ、ストーブで暖を取っていると、ふと壁のポスターが目にとまりました。それは若い女性が食前に感謝の祈りをする場面で「ありがとうから始めよう」と書かれています。私は、祖母の精神をたたえるのにもっともふさわしい場所を選んだと思いました。

祖母は私に、感謝の眼鏡を通して人生を見るよう言いました。それまで必ずしもその通りにできたわけではありません。青春時代には、生きていることにすら感謝できないこともありました。どうすればよかったのかと悔やみ、成し遂げられない、その可能性さえもない想像上の世界と自らの現実とを比べていました。今を生きようとしながら、自分の境遇を当たり前と思っていました。そして不安定で満たされない気持ちが静まることを望み、感謝できて初めて大人になれるのだとうすうす感じていたのです。

祖母は、感謝できると人生がより良くなることを教えてくれました。20代を彼女とともに生活することで、私は日々生きることへの充足感が持てるようになり、平凡さの中にも生きる喜びを感じる意味深い瞬間があるという真実を垣間見るようになったのです。

マインドフルネスが感謝と密接に結びついているのを知って、ハートフルネスの意味合いが明確になってきました。毎瞬受け取る「ギフト」に目を開き、気づくことができれば、物事の味わいが増し、感謝の心が育っていくでしょう。意識が真に目覚めたとき、この一瞬の神秘と不思議が明かされます。私たちがどれほど多くをいただいているかわかれば、奇跡に気づくことができます。「有難う」という漢字は、その恵みに対する深い不思議の念と畏敬を表しています。

祖母がまだ元気だったころには、毎朝仏壇の先祖に新鮮な水とご飯を供えていました(お酒をたしなんでいた人には少々の酒も添えて)。それから朝食の準備にかかり、食前に食物をいただくことに感謝するのです。日々受け取る小さな親切にも感謝するよう教えられました。私が不平を言うと、彼女は辛抱強く、手に入らないことを嘆くのではなく、今あるものに感謝するよう諭しました。

祖母の生き方そのものが、神々や先祖や、近所の人たちに対する感謝と信頼の表現でした。さりげない感謝の表現が彼女の日常になっていましたが、それは現代の日本でも広く見られます。

たとえば、「いただきます」は食前に感謝をもって受け取ることを、「もったいない」は無駄にするなという戒めを表わし、「おかげさまで」は自らの幸運を人のおかげと感謝する言葉です。日本人にも、そうした儀礼的表現の深い意味を知らない人がいるかもしれません。ですからこれらの言葉が、人間が他の存在と世界を共有しているという、潜在意識に根づいた理解から来ているのを知っておくといいと思います。

現代ではたくさんの人が、自分は人から切り離されていると感じて苦しんでいるようです。西洋では、人間とは仕事によって向上し、何らかの価値を生み出す存在だという考えを吹き込みます。そこからは、私は人の世話になどなってはいないという考えが生まれるかもしれません。ハートフルネスがあれば、それが幻想であることがわかります。私たちは透過性のある粘膜のように、交流することを通して他の細胞の生命に依存しながら深く関わり合っているのです。いつでも起こっているそのやりとりは私たちを支え、活動を決定します。そう考えれば感謝とは、他者との関係性の中で自分を観察する現実的な視点なのです。

このつながりをハートフルネスから見れば、私たち相互の責任が見えてきます。祖母は、感謝には責任が伴うと主張していました。感謝を伝えたら何がもらえるのと私はつねづね聞いたものですが、何も期待せず、見返りを求めずにそうするのだと言われました。いつもたっぷりいただいているのだから、私たちにはお返しの責任があり、もらった人にかぎらず次の世代や社会全体にお返ししなさいと、何度も諭されたものです。

アルバート・アインシュタインが書いた文章には、同じ心が表れています。

深く考えなくても、毎日の暮らしの中では、私たちが誰かのために生きているのだとわかる。人が笑顔で幸福なら自分も幸せであり、知らない多くの人とも共感の絆で結ばれているのが証拠だ。私は、自分の内面と外的な生活が、生きた人たちや亡くなった人たちの苦労で支えられており、それが過去も今も変わらず続いているゆえに、精一杯同じように返礼していきたいと毎日繰り返し自分に言い聞かせている。[2]

祖母も、アインシュタインもまた、日々感謝すべきことがとても多いと気づき、つねにそれを忘れないというハートフルな生き方を語っています。祖母は先祖を敬い、アインシュタインは人生がどれほど人に支えられているか心に銘じていました。

「感謝」という漢字にはハート（心）が含まれ、ありがたさとすまなさの両方を表しています。誰か、または何かの出来事から受け取ったことを意識するという意味です。それは互いのつながり意識を表しますが、感謝（gratitude）という英語に含まれるラテン語源のgratiaはその点さらに明確です。それは恩寵（grace）、礼儀正しさ（graciousness）、ありがたさ（gratefulness）や、やさしさ（kindness）、寛容さ（generosity）、賜物（gift）、そして与えること、受け取ることのすばらしさを表しています。

感謝には、人の助けを受け取ることと、人生における肯定的な出来事をつねに意識すること、その両方を含む普遍性があります。そうしたあり方を大切にすれば、感謝のもとはどこにでもあり、朝の目覚め、自らの能力への感謝、意味ある仕事に出会った瞬間など、平凡さの中にも存在します。感謝の対象は、人や動物、自然、神、宇宙を含むすべてであり、私たちは感謝によって広いいのちの世界と、そのポジティブな要素に気づき、深く味わえるようになるのです。

私は、あらゆる文化や時代を通して、個人的にも社会生活レベルでも、感謝の表現が基本的で望ましいものとされていることを知りました。ユダヤ教、キリスト教、イスラム教、仏教、ヒンドゥ教など、多くの宗教で感謝は美徳と見なされています。すべてにおいて信仰者は、感謝をもって受けた恩恵に応えるという美徳を共通に信じる傾向性が見られるのです。多くの宗教組織やスピリチュアルなグループでは、人生を「ギフト」と見る世界観、自分が「祝福」されているという意識を養うことが重要視されています。アルコール依存者のＡＡなどの自助グループでは、日常的な感謝の心が人生に意味を感じさせるという信条の上に、具体的な言葉で感謝の効力が示されています。

私は、ハートフルに生きるために、感謝の大切さを覚える手段として日常的な習慣の必要性を感じるようになりました。チベットの亡命政府があるインドのダラムサラからやってきた学生が、ダライ・ラマによる祈りの言葉を教えてくれました。私はそれを朝一番に唱えています。

人のいのちの尊さ

毎日、目覚めたら思い出そう
「今日、目覚めただけで
私はなんと幸運なことか。
生きている私、

人間としての尊いこのいのち、
決して無駄にはしない。

私のエネルギーのすべてを
自分の成長のために、
人にハートを開くために、
生きとし生けるものを幸せにする、
悟りの達成のために使おう。
人に対してやさしい気持ちを持とう。
人に対して怒ったり、
人を悪く思うことをやめよう。
人の幸せのために働けるよう、
力のかぎり努めよう[3]」

内観による感謝

欲しいものが手に入ったとき、感謝するのは簡単なことです。困難にぶつかると、その前向きな態度を崩さずにいられるかが試されます。とりわけ病気にかかったときには真剣勝負です。さまざまな病気から人はどのように癒されるのか、それを探求する途上で、私は感謝にもとづく療法「内観」に出会いました。[4]

吉本伊信によって編み出された内観は、東洋の精神性と東洋心理学を基礎にしています。内観、つまり「内面を観る」この手法は、自分を内省し、人生や人間関係、まわりからの影響などを省察します。

人間関係の内省のために、内観では、両親、友人、子どもなどの他者を対象にした、3つの基本的な問いを設けています。一人ひとりとの関わりを深く振り返りながら、自身のふるまいと相手との関係で起こったやりとりを現実的に見る目を養うのです。

「私はその人から何をもらっただろうか?」
「私はその人に何をあげただろうか?」
「私はその人にどんな迷惑や苦しみを与えただろうか?」

私は内観に強く惹かれました。アメリカで学んだ心理療法とまったく違った癒しの視点を提供していたからです。内観では、人から傷つけられたことを探求したり、受けた仕打ちを観察するステップはありません。その代わり、人から助けられた事実を思い起こし、その相手との関係が自分を映し出す鏡と考えるのです。そこで人から受け取ったもの、与えたもの、人にかけた迷惑を思い出します。感謝する一人ひとりを残らず思うとき、自分に属するもののすべてが、誰かからもらったか、誰かの存在に影響された結果であるとわかります。

もっとも、たとえば両親など、深く感謝する相手に恨みを抱くこともありがちです。しかし課題は、たとえささいなことでも相手の行為の中から良かったことを見つけることです。さらに進んで、うっかり見逃したことや、自分が相手の都合を考えずにした行為を思い出します。

反省の能力は苦しみのもとにもなりますが、解放の鍵でもあります。自分の過ちや失敗、弱点を意識し、相手を苦しめた行為や自らの罪を認めるなど、正直に反省するのは大変な作業です。

内観では、相手が自分にしたことに対して、批判したり不平を言ったりするのを禁じています。自分自身に焦点を当てなければ進歩がないと確信するからです。自分が生きるために、毎日、毎瞬どれだけ多くをもらっているか、幸福はその気づきによる世界観を保てるかどうかにかかっています。心理療法の仕事を通して私は、人を責める代わりに感謝できる人が健やかであることに気づきました。感謝によって人は癒されます――自己を過大評価も蔑みもせず、今の状況に価値を見いだし、人生の美点に感謝できるようになるのです。

私は内観に出会って、感謝の力と感謝の心を育てる意味を理解するようになりました。内観の哲学によれば、人から与えられたことに対する深い感謝の心が自然に育つでしょう。人生に意味を見いだす健やかな探求心と、人の幸福と安らぎに貢献するインスピレーションが得られるかもしれません。それは、受け取ったことを自覚し、お返しにできることに思いを注ぐハートフルな姿勢です。その思いをまず自分自身に、そして人に、さらに広い世界の幸せに向けていきます。

内観は集中力を使う療法ですが、日常の中でも応用することができます。私はそれと似た質問を面談の際に好んで使います。「相手から受け取ったものは何でしょうか?」。それが難しいようなら、違う問いを投げかけます。「相手にあげたものは何でしょうか?」。または、「相手に与えた迷惑や苦しみは?」。いつでもできるシンプルなこの実践は、ハートフルネスを育てる大きな助けになります。

病のときに体験する感謝

重い病の体験によって深い理解に到達した人々との出会いは、私の感謝の念に対する考えを新たにさせました。以前触れた双子のひとりアナ・シュテンツェルさんですが、2013年9月に亡くなる前まで、私の授業にゲスト講師として定期的に来てくれていました。その前年の秋には同じく私の授業で、ほとんどが医療従事者になる予定の学生たちに講義してもらっています。皆集中して聴き、実際の年齢よりはるかに深い彼女の智慧に感動していました。その週の学生の日誌には、どれほど彼女が受容とともに生き、ギフトに感謝することを教えてくれたかが書かれていました。その後の授業では、小さな物事に感謝し、自分と人の欠点や弱さを認めて精一杯生きる勇気を、アナのストーリーからもらったことが話し合われました。

亡くなる2か月前の7月、アナは感謝のメッセージを書いてくれました。

とても長く死に寄り添ってきた私は、本当の意味で生きました。時間が限られていると知っていたので一瞬も無駄にせず、それによって人生が向上しました。病気にならなければわからなかったのは残念です。皆何を目指して努力するのでしょうか？ 誰もが愛とつながりを求め、自分を大いなるものの一部と感じ、まわりに影響を与え、閃《ひらめ》きを受け取り、安らぎと充足をもってこの世にさよならを言うことを望んでいると思います。幸福なことに、強い動機と機会に恵まれた私には、これらすべてが舞い込んできました。私の映画と本は多くの人に感動を与え、私はすばらしい人たちに囲まれて、神と、伴侶と、若い姪や、飼ったばかりの混血のバセットの子犬タイモンから愛されていることを感じました。想像もしなかったすばらしい景色が見られたし、人間としてもっとも崇高な、同時にもっとも辛い感情を感じました。だから後悔はありません……。[5]

アナの母親の肇子《はつ》さんは、死に至る病を持って生まれ、長生きする見込みが薄い子どもの親として体験した感謝を話してくれました。アナは41歳で亡くなりましたが、肇子さんの悲しみは、アナがそれほど長く生きたことへの感謝による喜びによって補われました。アナも母と同じく、一日一日の尊さに感謝できるようになりました。肇子さんにとって我が子と過ごす時間が一日でも長ければ、それで十分感謝できたのです。

アナは病によって、時間を無駄にせず、一瞬一瞬をマインドフルに生き、与えられた機会に感謝することを学んだと書いています。私の仕事の同僚バーネット・ピアースは、ガンで亡くなる間際、自分の病気を「目覚めの呼び鈴」と言い、ジョーク交じりの覚え書きを残しています。「おまえの番が来たら、宇宙が大声で忠告しなくてもいいように早く気づけよ[6]」

私の友人で、ともにガンの最終ステージを歩んだ夫婦からも感謝について教えられました。数か月前に逝った妻の千緒《ちお》のあとを追って、夫の爽《そう》が亡くなったのは71歳のときでした。千緒は65歳で、彼と同じ東京の聖路加病院のホスピスで亡くなりました。千緒が肺ガンの診断を受けたあと、爽は妻の人生の終末に付き添いながら感謝を学びました。彼は介護役を引き受け、妻の病との闘いを助けることにいのちを捧げました。

しかし翌年、彼自身が胃ガンと診断されたとき、その役割は想像を超えて大変なものになったのです。妻よりはもつだろうと予想しながら、彼女を最後まで世話ができるかどうか急に心配になりました。爽は、彼より早くガンのステージが進行する千緒の試練に寄り添いながら、介護人だけではなくガンの同行者にもなったのです。妻は彼にとって、生きること、死んでいくこと、とりわけ感謝の師になりました。お互いに日記をつけ、彼女が逝ったあと爽はふたりの記録を一冊の本にまとめました。

このハートフルネスの物語は、千緒がマインドフルに生き、すべてのものに深い感謝を覚えたことを示しています。彼女は、ガンを体験して人の苦しみがわかるようになり、ガンにさえ感謝が持てたと書いています。「めったにない体験を通して、私たちは苦しむ人の気持ちに共感できるようになり、彼らと一体になれたのです」

千緒が爽を「戦友」と呼び慰めたことで、彼は自分の病気がガン患者とそうでない者との距離を埋めてくれたことを知り、一体感を感じて安心しました。彼らは苦しみの中でコンパッションによって結ばれ、本当の意味でひとつになったのです。

千緒は夫に、人生のすべては運命であり、神の意志として受け入れると伝えました。彼女は安らいでいました。しかし爽には理解できません。

「重病なのに、なぜそんなに明るく陽気でいられるんだ？」と聞きました。

千緒は笑って答えました。「まわりの親切に感謝しているからよ」

自分を気遣う人々、その美しさや真実に感謝をしたのです。千緒は画家として、日常のささいなことも祝福として気づき、受け取りました。ご飯とみそ汁の簡素な食事、世話をしてくれる看護師たち、食事を運ぶ係の人、息子たちやその妻たちの訪問、自然療法の薬、病院の薬、暇つぶしの新聞、「パートナーと生きるヒロイン」として気楽に過ごす日々などのすべてを。

亡くなる直前、彼女はこう記しています。「この世にはもう長くはないと思います。今は最後の段階でしょう。けれど毎朝私は人生の贈りものに対して感謝でいっぱいです。花の香りを胸深く吸い込むことができるのですから。昨日の夜爽は、明日は結婚記念日だから花を買うつもりだと言いました。ベッドの中で私は、なんてすばらしい夫をいただいたのだろうと思ったのです……感謝です」

爽は、千緒の死への最終段階まで連れ添い、彼の問いに応えるわずかな妻のうなずきの仲立ちをしました。「もういいのかい？」、それは苦痛から彼女を解放する最後の注射の許可でした。それが春のことで、同年の秋には爽自身も同じホスピスに入所したのです。妻の千緒と過ごした44年を振り返って、爽は「ひとつだけ残る言葉は感謝だけ」と書いています。[7]

爽は最後の瞬間まで、彼と千緒が晩年につけていた日記をまとめて、一冊の本に仕上げる作業を続け、ハートフルに生きました。それはふたりの愛に対する責務だと彼は思っていました。それは友人たちのためのギフトでしたが、最終的に一般に売られる書籍（『二本の木 夫婦がん日記』）となり、さらにテレビ番組に、そしてオペラにまでなったのです。

私のふたりの友人が、苦しみと死に直面して感謝を美しく表したことは、祖母が教えてくれた侍の生き方である武士道をさらに印象づけてくれました。私はここからの学びを、毎日の儀式の中で、自分自身の死をも含めて、死を想うために取り入れています。その実践は人生のギフト自体への気づきを高めてくれるのです。こうして毎日が新たにされ、本当の生き方の可能性が開かれていきます。

教育と子育て

私は、感謝に取り巻かれながら育っています。子どものころ父と外出するときに、心に残るような経験をたくさんしました。どこへ行こうと父は、どんな人にも関わりたがりました。社会の階層の中でどれほど「立場が低い」人であろうと選ばず、父は付き合う価値がある人物として同等に接したのです。出会う相手は誰でも尊重し、感謝の態度の模範を示しました。道路で働く人、ごみ収集をする人、レストランで接待する人などに挨拶する父の姿を、私は見せられます。そういう人々の存在やその努力を認め、働きに感謝をする、父はそういう人でした。

母はそれと比べてはるかに目立たず、寡黙な人でしたが、静かな形で感謝について教えました。言葉や態度を通して、いつも人が自分にしてくれたことを忘れないように、それを当然だと思うなと言われました。欲しいものと必要なものを分けて考え、欲しいものがすべて手に入るわけではないものの、必要なものは必ず与えられると信じるよう諭されました。人生の現実をそのまま話していたのです。彼女の教えは、自分を人と比べず、すでに手元にあるものに感謝しなさいということだったのです。

私も親として、子どもたちに感謝することを教えようとしてきました。また教育者としては、教室で感謝という恵みをどのように伝えればいいか自問しています。教育機関で長年働いて気づいたのは、現代の教育システムというものが、とくに大学レベルで、どれだけ批判的な分析や、批判的な読み取り、批判的な記述や議論に依存しているかということでした。ふだん行っているような批判や議論のことを意味するわけではありませんが、どちらも非常にネガティブな意味でとらえられがちです。スタンフォードで大人気のコースを取ったある学生は、「ぼくらが学んでいるのは、論説や概念のこき下ろし方なんです」と嬉々として語っています。

私も間違いのあら探しをしたり人の考えを否定したりする自分の傾向を知ってから、それによってどれほど多くを見逃し、失ってきたかがわかってきました。理解しようとする姿勢に変えてみれば、私たちは「この人から、または文章から何を学べるだろう？」と自問しながら、はるかに学べることが増えるでしょう。そうして学ぶ機会は無尽蔵だとわかります。心理療法は私に、人の中に良い要素を認めれば、癒しと励ましが生まれることを教えてくれました。理解のレンズを通して見るという効果は、どんな出会いにもあてはめることができます。

同僚のトジョ・サーチェンケリーは、これを「真価を見抜く知性[8]（appreciative intelligence）」と呼び、「どんぐりの中に樫の巨木を見る」技と説明しています。創造的で成功した人たちの中に、この能力が認められるでしょう。彼らは、一見何の可能性も認められない物事の中に隠れた可能性を見つけるような、現実のとらえ直し方を知っているのです。この知性を備えた人々は、現実的で、行動を重要視します。ポジティブな能力を認める力だけではなく、良い結果を得るためにその利点を生かして、行動の手順を組み立てる能力があるのです。

評価する能力は、非常に重要なリーダーシップの資質です。リーダーがこの真価を見抜く知性をグループや組織全体に適用できれば、その中のすべてのメンバーの創造性、回復力、達成力、自己実現が高まるでしょう。

真価を見抜く知性は、真価を見抜く探求（appreciative inquiry）にもつながります。[9]それは、グループや組織のヴィジョンや意志を育てることを目指す智慧の探求です。この探求では、問題解決よりもその組織が持つ特有の中心的な特質を探し、それにもとづいて新しい未来に向けての合意を形成する努力をします。組織に問題があって、それを是正するという先入観ではなく、逆にその特質を価値のある神秘とみなすのです。

ハートフルなグループでも真価を見抜く知性を育てていきます。そうしたグループの中では、人は議論よりも自らのストーリーを差し出し、人の本物のストーリーに対して価値を認めるのです。相手がしてくれたことをありのままに受け止め、肯定的な側面やつながりの可能性を見いだそうとします。争いを避け、自分こそ「一番」と主張する勝つか負けるかのやりとりではなく、お互いに「ウィン‐ウィン」となれる対話を通して、協力して進んでいくのです。ヴァルネラビリティと謙遜にもとづくハートフルなコミュニティでは、自ずから感謝がやりとりされるようになります。

学生たちが見せてくれた感謝は、めぐって私に返ってきました。最近授業である学生から聞かれました。「先生、人生で最高の出来事は何でしたか？」私はためらわず答えました、「今さ、君たちといる瞬間だよ」と。自分でも意外な言葉でしたし、まったくその通りだと思っている自分に気づいてびっくりしました。私はそのとき、安らぎと威厳という何とも驚くべき気持ちを持ったのです。その場にいることが一番の望みでした。過去のすばらしい出来事を思い起こすことも、未来の空想にふけることもしなかったのです。その瞬間にマインドフルで、出会いに感謝していました。

授業には安らぎの心があふれていて、私も学生たちも自分自身のままでいることができ、真実の自分を表すことができたのです。

感謝を行動に移すこと

人生をより良く生きるために感謝をする伝統は太古に始まっていますが、最近は科学的にも注目されるようになりました。細やかに気づくこと、感謝すること、生活の一つひとつを味わうことなどが幸福を培い、感謝によって心理的、社会的、精神的な資質が向上するというエビデンスがますます多く示されています。[10]

私たちは人生から受け取るものを認めることによって豊かになり、幸福感を味わいます。ギフトを受け取ることができる自分の幸運に思いを向ければ、人生の苦難を乗り切ることもできるでしょう。自分の境遇を感謝で受け止める姿勢は、日常の体験をポジティブに解釈する現実適応への心のプロセスなのです。

感謝の起源は、他者に共感する能力とつながりの感受性です。感謝を感じる体験は、そこから起こす行動と合わせて、社会的な関係性をつくり、それを強化します。どれだけ受け取ったかを考えれば、自分が愛され大切にされている感情が生まれ、いただいた相手やその他の人たちにもお返しをしようとする動機が生まれます。感謝の気持ちを伝えることによって、人とのつながりはより強まるでしょう。

誰もがハートフルな感謝によって自分のあり方を変容させることができます。体験すれば、そうした生き方のすばらしさがわかるでしょう。ていねいな気づきから感謝は生まれます。そのとき私たちは、よく見、聴けるようになり、開いたハートで相手を助ける機会を得て、自らの行動に結びつけるのです。

書きとめるというエクササイズを日常の中に取り入れれば、感謝が育ち、心の健やかさの糧になります。[11] そうしたシンプルな習慣が、感謝と精神的健やかさの関係を示すという事実は、大きな収入を得ても幸福感には少しの影響しか与えないという研究と対照的です。こうした研究結果は、物質的な所有や業績達成の実現のために人生を費やすよりも、すでにあるものに感謝するほうが深い心の安らぎになるという確信を強めてくれます。科学的な所見だけでは感謝が幸福のもとであることが証明されるわけではありませんが、幼少のころから道徳や体験によって感謝が大切だと身に染みているゆえに、私たちは直感的に、人にとっても自分にとっても、そこに恩恵があることを知っているのです。

ベネディクト会の修道士デビッド・スタインドル＝ラストは、感謝のやさしさがいかに人を幸福にするかについて深く考察し、書いています。[12] 毎瞬ごとの気づきの意識こそ、私たちに備わるもっとも重要な資質であること、それによってどんな一瞬も新たな機会となり、物事を何度も何度もやってみることができるようになる、彼はそう言っています。

頭ではわかっても、感謝しなさいと人から言われると、人生には苦しいことが多いと思っている私たちには抵抗感が生まれるでしょう。ここで感謝を意識するとは、家族や、怪我や、病気などの個人的な出来事、または不道徳、テロ行為、戦争の恐怖などの世界的な出来事があっても、それらすべてにことごとく感謝するという意味ではありません。近所のやかましい人、人を尊重しない経営者、こちらを不当に扱う警官など、誰彼かまわず感謝する必要はないのです。

宿命、カルマ、真実が自分をあらしめているのだから、人生のすべてを受け入れねばならないと思うかもしれません。ありのままのそうした現実にこそ大いなる美が存在するのだと。しかしほとんどの人間にとって、すべてに感謝することが可能でしょうか？　多くの場合、受け入れるだけでも精一杯です。トラウマに対して感謝は難しいでしょうが、少なくとも受け入れて進むための勇気は持てるでしょう。

感謝と社会

感謝によって個人に幸福と健康が育つことが、科学的にも証明されています。世界に健やかな人が増えることとは、言うまでもなく良いことでしょう。感謝を教育するときに大切なのは、個人的なあり方は社会にも伝えるべきであるという確信です。

私がハートフルなコミュニティで体験したのは、実践から生まれる意識が自然に感謝に変わることでした。ハートフルネスは、不満、恐れ、自己陶酔から私たちを引き離し、充足と、信頼と、つながりへの深い感謝へとつなげてくれることがわかります。そうして私たちは解放されて今この瞬間に生き、どんな一瞬も、状況も、相手も、ギフトとして受け取れるようになるのです。人生への不平はなりをひそめ、不足と見えることではなく実際にあるものを認めて、新たに出直せるようになります。

スタインドル＝ラストは、感謝は革命的な力であると言っています。

今感謝の潮流がやってきている。人々がその重要性に気づき、それによって世界が変わりうるとわかってきたからだ。感謝を持てば恐れはなくなり、恐れがなければ、暴力的にはならない。感謝があるとき、人は欠乏感ではなく充足感から行動するようになり、進んで分かち合うようになる。感謝があるとき、人は他者との違いを楽しみ、すべての人を尊重し、現在の世界の権力のピラミッド構造を変えていくことができる。万人を同じにすることはできないが、誰もが尊重し合うようになり、それこそが重要なことなのだ。[13]

迫害者の「私たちの与えるものに感謝すべきでそれ以上求めるな」という常套句を思って、感謝が圧制に利用されることを恐れる人もいます。しかしそれは、白か黒かの選択ではありません。私たちは与えられたものに感謝しつつ、同時に完全な平等と公平のために、それ以上を要求することが可能なのです。私にとって感謝とは、「欠乏感」にもとづく考え、つまり自分の手元にため込んで人を恐れるような態度をしりぞける生き方だと思っています。それと価値を同じくする豊かさや分かち合いの考えは、平和への道になるでしょう。

感謝へ向かうハートフルネスの道のりは、自らの欠点や不完全さを含んだヴァルネラビリティと自己の真実性からできています。自分ひとりでは生きられず、超人になろうとする必要はないという事実を受け入れるとき、感謝とともに安心が感じられます。それほど優秀でなくても、完全でなくても、自分であるだけで十分なのですから。

私たちはやってきた困難に対して立ち上がり、忍耐や自らの信念のために学び、直面しようと意欲をかき立てます。ゆえに、感謝できないことも少なからずあるとはいえ、必ず何らかの機会を見つけることはでき、大変な状況の中でも感謝を育てていくことは可能なのです。そんな機会を見逃す私たちのせわしない生き方の習慣と比べて、自分に訪れた出来事の中に人生の意味を見いだす感謝の機会は、どんな一瞬にも与えられています。しくじったとき、またはそうなりそうなとき、私たちにはもうひとつの機会があります。いつでも訪れうるそうした機会は、人生のすばらしい豊かさであり、終わることのない希望のもとになるでしょう。それがまた、感謝すべきもうひとつの理由になるのです。

武士道は、人生のギフトへの感謝を教えてくれました。何ひとつ当然と受け流さず、死を真正面から見つめれば、生きていることに感謝することができます。一瞬ごとの神秘と不思議に目覚め、気づいていれば、また自然や生きるものすべて、さらに宇宙のエネルギーとのつながりが意識できれば、心に感謝があふれ、感謝の心が育っていきます。

私たちはそれを習慣にし、日々の実践とすることができるでしょう。

私はこの呪文をいつも思い出すようにしています。「この瞬間は最高にすばらしい」。その言葉によって私は、自分がいる状況にはどの一瞬でも感謝できると気づいて、安らいだ気持ちになります。この気づきによって、私は確かにここに存在し、過去を考えず未来を心配もせず、この一瞬にマインドフルで、その事実に感謝できるという最高の喜びが感じられるのです。

感謝の記録

1 寝室に感謝日記という名前をつけたノートを1冊置いておきます。

2 寝る前に毎日、その日を振り返って感謝したことを5つ書きます。自分自身について、またはこれまで出会った人や、状況や、経験など何でも。

3 少なくとも1週間は続け、どう感じたか覚えておきましょう。

以下のウェブサイトに、日記の付け方についてのヒントがあります。
https://greatergood.berkeley.edu/article/item/tips_for_keeping_a_gratitude_journal

＝ 感謝を表す

人から何かしてもらったのにお礼を言わずに、まずかったなと思うことはよくあります。今度親切を受けたとき、ちょっとしたやり方で感謝を表してみましょう。

1 かつて受けた親切に深く感謝しているのに、一度も心から感謝を伝えたことのない人を思い浮かべてください。それは親戚だったり、友人、教師、仕事仲間かもしれません。まだ生きていて、実際に会うことのできる人をひとり選びます。それは、しばらく忘れていた誰かかもしれません。

2 直接渡すつもりでその人に短い手紙を書きましょう。その人がしてくれたこと、感謝する理由、その人の行為があなたの人生に与えた影響について書いてください。今あなたが取り組んでいること、その人のした努力について憶えていることを書きます。

3 もし可能なら、その手紙を直接送ります。電話やビデオチャットなどで伝えてもかまいません。

第 8 章

奉仕

Service

人間として、私は自分の幸福が人次第だということを知っています。そして人の幸福に関心を持つことは、道徳的な責任だと真剣に思っています。人類の未来が祈りや良心だけで実現するというのは、現実的な考えではありません。行動が必要です。ですから私の一番の責務は、力の限り人類の幸福に貢献することなのです。[1]

――ダライ・ラマ

祖母にとって日本でのひとり暮らしが無理だと悟ったとき、私たちは人生の最後の時間を過ごしてもらおうと彼女をアメリカに連れ帰りました。しかしすでに99歳の彼女がどれだけ永らえることでしょう？　もっとも愛する人たちに囲まれて亡くなるほうが幸せでは、とも考えました。ただひとりの娘と孫たちに囲まれて、安らかな気持ちで残りの人生を過ごせるかもしれません。

アメリカで生活したことがない祖母のことを考え、私たちは試しにまず連れていってみて、やはり日本に帰りたくなったならそうしていいと彼女に伝えることにしました。しかし、独居が無理な祖母が帰国を決めても、老人ホームに入る以外ないでしょう。私は祖母の自宅の松山から付き添い、マサチューセッツの母と姉の家まで連れていき、それから東京へ引き返しました。

時間がたつほどに緊張は高まります。決断すべき期日が迫ったころ、姉から電話が入りました。姉は日本語を話さないので、私に祖母の意志を確かめてほしいと言うのです。

「いいよ」、私はそう言って電話を代わってもらい、聞きました。

「おばあちゃんはどうしたいの？」

「帰ったほうがいいと思うのだけど」

祖母が受話器を返すと、私は英語にしてそれを姉に伝えました。

「帰ったほうがいいだろうって」

姉はその答えに不満でした。「おばあちゃん自身がどうしたいのか、それが知りたいのよ。どうしたほうがいいかじゃなくて」

「わかった、もう一度聞いてみる」

「姉さんが、おばあちゃん自身の本当の気持ちを聞きたいんだって」

「そうねえ、お母さんは戻ったほうがいいと思ってるんじゃない」

それも英語に直して伝えました。姉は、

「そうかもしれないけれど、おばあちゃんの気持ちを聞きたいの」

「わかった、もう一度ね」

「おばあちゃん、お母さんのことは心配しなくていいから、おばあちゃんはどうなの？」

「おまえのおねえちゃんの旦那さんが、私がいると迷惑じゃないかって思うのよ」

姉に伝えると姉は、

「私たちの結論をトムは気にしないわ。問題はおばあちゃん自身がどうかでしょ」と言います。

「姉さんの旦那さんはかまわないって。姉さんが知りたいのは、おばあちゃんの気持ちなんだけど」

「皆のためにも、私が帰ったほうがいいと思うけどね」

姉はだんだんといらだってきたようでした。

「そういうことを聞いているんじゃないのよ。おばあちゃんの気持ち。ここにいたいのかどうか聞いて。面倒は見るから」

「姉さんが、残りたいなら世話はするよって言うんだけど」

「ありがたいねえ、だけどやっぱり帰ったほうがいいよ」

「おばあちゃんは、帰ったほうがいいって言ってる」

話が振り出しに戻ったと思いながら、姉に言いました。

「私が言ってるのはおばあちゃんの気持ち、それだけなのよ」

私もむっとしながら答えました。

「それはわかるけれど、期待するような答えを求めても無理だと思うよ」

姉はしばらく黙っていましたが、

「わかった、わかったわ」とだけ言いました。

忠誠心

1か月後、わずか3か月ほどのアメリカ滞在ののちに祖母は日本へ帰りました。祖母は何の不平もなしに老人ホームに入りました。そこで111歳で亡くなるまでの12年間を過ごしたのです。アメリカにいれば、もっと幸せだったのではないか？　祖母は日本できっと寂しかっただろうと悲しく思いながら、でも、祖母自身が決めたこと、私はそう自分に言い聞かせました。

しかし、自分が人間関係の中でのみ規定されるような社会に育ち、女性の願いが一顧だにされなかった時代や状況を背負った女性として、祖母が自分の意志で決めることにどんな意味があったのでしょう？「おばあちゃん自身はどうしたいの？」と聞かれたとき、彼女は個人的な自分自身の望みを、率直に理解することができたのでしょうか？

祖母の望みは、愛する人すべてにとって一番良いことの実現でした。日本文化の中では、言葉が示すように、人がどれほど人と深く関わっているかが明白です。個人をさす「自分」という言葉は、「自」と「分」という漢字からなり、人が大いなる何かの一部であることを示しています。祖母がつねに言っていたのは、私が人と家族や友人や地域社会の網でつながっているということでした。

侍の家に生まれた祖母には、言わずとも「武士道」の倫理が染みついていました。武士道は今や時代遅れのものと無視され、確かに事実そうなってはいるものの、より良く生きる指針として今でも役立つ気高い美徳なのです。「忠義」と呼ばれる道徳的指針においては、一族と個人の利益を区別することはできません。

新渡戸稲造は、「この利益は、自然で、本能的で、逆らえない感情と強く結びついている。私たちは生まれもった愛によって、愛する者のために死ぬことができるのだ。それは、自分を第一にし、自分の苦しみや、楽しみや、生き残りにもっとも関心を払う個人主義の対極である」[2]と言っています。

奉仕の美徳は、1700年代に遡る武士道の手引き『葉隠』に示されています。[3]武士道では、人間関係はどんなときでも他人への奉仕の精神にもとづくべきと説かれ、侍にとってはそれが主君に仕えることでした。現代人にとってその対象は家族であり、地域社会や仕事と言えるでしょう。

『葉隠』は、慈悲の働きである心からのコミュニケーションが人を成長させるという、武士道の教えを伝えています。「自らの意志を伝えて相手の過ちを正すことは大切だ。それは慈悲の行為であり、奉仕の中で何よりも優先すべきことなのである」

この言葉はマインドフルネスとコンパッション（慈悲）と責任を結びつけ、ハートフルネスを余すところなく説明しています。侍は、西洋で知られるようになるずっと前からマインドフルネス（今ここを生きること）の実践をしていました。そして、弱さ、傾聴、受容、真実性を重んじるコミュニケーションをしていたのです。

文化によってその表現は異なりますが、誰にも自分を超えた何かをよりどころにする気持ちがあります。それは家族、国家や宗教など大規模なものから、個人的な予定、花壇やペットなど小さなものかもしれません。私たちは自分が選んだ何かに価値を認め、それに身を捧げることで、人生に意味を見いだすのです。

忠誠心は、とりわけ病気や加齢を抱える生に意味を見いだそうとする人にとって、人生の質を高めさせます。幸福とまでいかず苦痛は癒えないかもしれませんが、個を超え大いなるものに身を捧げる願いを満たし、苦難を耐えやすくしてくれるのです。

私の祖母は、個人的欲求よりも家族全員の幸せのために自分の感情を放棄することを決意し、奉仕と忠誠という徳を示しました。残れば皆の迷惑になるだろうと知り、自分がとるべき行動は温かな家族というゆりかごを離れ、日本へ帰ってグループホームに入ることだと決めたのです。

彼女自身大いなるもの――この場合は家族の一部であると知って、自らの犠牲と死に意味を感じたのではないでしょうか。自分の希望の達成という点では、祖母は幸せではなかったかもしれません。しかし、彼女を愛し、多くの時間とお金を投じて世話をした人たちの幸福に貢献できて、祖母は人生に意味を感じられたのだと思います。

私はよく冗談交じりに、祖母は自分勝手だと言いました。人に与えるばかりで、私が与えるチャンスを一度もくれなかったからです。母は、自分がすべきことを全力でなすことにより、義務と愛による満足感を得られると私たちに教えました。彼女はそうした目的意識を、「義理」と「人情」と表現しました。義理は非常に古い歴史のある言葉で、かつては大変重んじられていた価値観です。

しかし現代の若者には、人の都合で犠牲を強いられる重荷と考えられています。日本の現代社会の中では、ある集団に忠誠を表すこと自体が抑圧と感じられるのかもしれません。しかし実際には今でも、良き市民として自分の欲求を全体の利益のために捧げることを勧める価値観として、彼らの人生を方向づけています。

私の母は、義理と人情の両方に運命をまかせた祖母の決断を理解しました。人情とは気持ちのことです。普通、義理とは別で、両者は噛み合わず、どちらかを選ばねばと考えられています。母はふたつを区別せず、本来義理は人情と分けられないもの、人間の気持ちと、奉仕と、責任は一体で、責任による行動こそが両者を結びつけるのだと言いました。漢字を見れば、義理には心の字がなく、人情には心があります。祖母の決断には思いやりと責任があり、ハートフルでした。

多くの文化のスピリチュアルな教えが、思いやりによる与え方を伝えています。聖書には与えることとの双方向性が書かれています。「親切な者は自らに益がある」[4]。ダライ・ラマは、人と思いやりでつながる恩恵は、与える側と受ける側双方に及ぶと説いています。「人に幸せになってほしければ、思いやりを行動に移しなさい。自分が幸せになりたいのなら、思いやりを行動に移しなさい」[5]

こうした教えは、科学的な研究結果からも明らかになっています。人の幸福を向上させようとする行動は、それをなす側にも大きな幸福感を与えるのです[6]。心理学の研究からも、健康向上のための最良の方法のひとつとして、積極的に周囲に貢献することがあげられています。大方の予想と違って、ぼんやりと先行きを考えるよりも、行動が具体的な目標と結びついたときに幸福感は増すのです。それは、膨大な目標や野望よりも、小さな物事、日常の中のささやかな親切の機会などが幸福のもとになるという、マインドフルネス由来の教えや実践とも一致しています。

愛にあふれた人たちは利己的理由で愛することはありませんが、与えたものが結果的に自分に返り、受け取ることになります。与えれば次には相手が与える側になり、お互いがともにつくり上げた喜びを分かち合うのです。

責任

私たちは人生の意味と目的を切望し、自分を超えた大いなる存在につながることでそれを見いだします。また誰かに何かをしてあげることで、人の人生に貢献できることもあります。

私の家では奉仕は美徳と教わりました。私たち子どもは、何かをしなさいと言われたら、なんとしてもやり抜かねばなりませんでした。私はそれを、世界の苦しみを減らすために行動しなさいと受け取りました。たくさんいただいたゆえに、返さなければならないのです。苦しみをやわらげる行動には、目的と意味があることも教わりました。

責任にはつねに恐れが伴うものです。人生は自分に何を求めているのか？　と自問するとき、答えは望んだものとまったく違うかもしれません。しかしその声に応じることが、人生の肯定につながるでしょう。真の思いやりは、責任と無縁ではありません。私も逃げ出したくなるときがよくありますが、子育て、教育、カウンセリング、指導の場面などで責任を負うとき、ハートフルネスを感じます。

両親は子どものころ、才に恵まれ人に与える責任を負った私にこの価値観を教えました。だから、博士号を取って教師になったのです。成長した私は、祖母から、自分の子どもたちに、妻に、母に、社会全般に責任があるのだとつねに言われました。人からたくさんいただいたので、お返しする必要があるのです。私は学生にも、思いやりで人とつながる責任について、自分が言われたのと同じ言葉で伝えています。

年長者からの教えによって、私はつねに責任感に導かれて生きてきました。ハーバードに初めて入ったのも、東洋と西洋、日本とアメリカの橋渡しになろうという使命感からです。それが有名大学でエリートの集団と交わり、誘惑に出会っても、道からそれずに自分の道を歩めた理由でした。私はそのミッション完遂の道を歩むために、日本の言語と文化を何年もかけて学ぶ選択もしました。クラスメイトの多くがハーバード附属病院を研修先として選んだときも、私はアジア系アメリカ人に関わるために、無給でサンフランシスコのコミュニティベースの実習を選択したのです。

私は人生でさまざまなことに出会う中で、人種のトラウマや、格差、孤立、疎外などの感情を味わい、闘ってきました。いつものけ者にされ、アウトサイダーとしてのよそ者感を持っていました。犠牲を払いながら、絆や、所属、信念のためにもがいていたのです。雇い主に申し立てしないで、犠牲者意識にまみれることもしょっちゅうでした。けれどそうした苦労が、私に情熱を与え、ミッションに向かう力になったのです。差別の体験が私の中に虐げられた人々への慈愛を生み、不公正を許容しない意志につながりました。

こうした経緯で満足と意味を感じることができ、自分の働きが多くの人の益になることがわかったのです。しかし私の良き働きが、特権に居座りたい欲求とのバランスの上にあることも意識していました。私は贅沢とまで言えなくても、ほどほどの暮らしをしていました。見返りがあり、能力主義の神話を裏打ちするシステムの利益を享受し、受け入れていました。心のバランスのために、私は謙遜を教え、傲慢による自己保身――還元主義、あざけり、迷いの否定、プライド――に陥らないような経験に助けを求めました。

権力と、特権と、エリート主義の世界に身を置けば、誘惑も強まります。スタンフォードの卒業式では、総長が卒業生全員に「スタンフォード大学が認めた学位に応じた権利と、責任と、特権」を授与すると壇上で語ります。総長が「特権」と口にすると、学生たちがそれに合わせて叫びました。おもしろがっていたにしても、そんなとき私は決まって嫌な気持ちになります。権利や責任を差し置いて大声で叫ぶほど、学生が自分たちの「特権」

を特別視していることがわかるからです。私にとって「権利」は、自分だけでなく人を護るために欠かせません。そして「責任」とは、良き市民として社会に奉仕し、自分の価値を行動に移すための手段なのです。

ですからある年に総長が学位授与の直後、卒業生たちに向かって直接この問題に触れたのを聞いて、私はうれしくなりました。「教育の権利と特権は、それによって身につけた知識を、世界をより良くするために生かす責任を伴う。諸君がスタンフォードで受けたのと同じ機会を、次の世代が得られるよう助けることも必要だ」と伝えたのです。卒業式での出来事はともかく、私の教え子の中には、新たに獲得した自由が責任を伴うことを自覚した者がたくさんいました。

恐れから自由に生きる

詩人で作家のオードリー・ロードは、ヴィジョン、ゴール、目的、またはミッションなどのすべてが、恐れを乗り越えるために必要だと言っています。「私が力を尽くし、自らのヴィジョンのために力を発揮すれば、私が恐れているかどうかはささいな問題になっていく」[7]。私たちは、自分が持つパワーに気づき、その光を輝かせることで、人にも同様の自由が生まれることがわかって、自分が恐れから解放されれば人も自由になることを知るのです。

恐れは自分のハートに従う勇気をくじきます。失敗することの恐れ、責任を持つことに対する恐れが、無難さと安全へと私たちを逃避させます。恐れは責任ある行動を阻み、及び腰と犠牲者意識を持たせ、変化を不可能にします。「恐れ」という漢字は心に漏れがあることを示しますが、そうして精神を喪失させるのです。

自らの能力と目的に気づくことから、行動への責任が育ちます。それには勇気が必要です。私たちが「実際に」行動すれば、その恩恵が人にも伝わっていくでしょう。それが希望になります。その勇気と希望はどこで得られるのでしょうか？

自分自身を変えることができれば、世界の流れが変わるだろう。自らのあり方が変わるなら、私たちに対する世界の接し方が変わる。誰かの行動を黙って見ていることはない[8]。

ハートフルネスによって恐れを乗り越え、ていねいに自分のエネルギーを人とのつながりに向ければ、私たちのあり方は変わり、思いやりの心が目覚めてきます。人の幸福が関心の的になり、進んで何かをしたくなるのです。哲学者のコーネル・ウェストは、愛と責任の関係性をこう描いています。

人を愛すれば、その人が公正に扱われなければおかしいと思うようになる。あなたは真実を語る。他人の評判を犠牲にしても誠実さを選ぶ。あなたにいのちを与えた人たちにお返ししたいと望む。最終的には、その人たちがあなたに与えたことになる。誰かが愛したからこそ、今の自分があるのだから。[9]

今や責任は義務と同一視され、人からの押しつけだと思われることがあります。しかし本当の責任は完全に自発的で、頼まれても頼まれなくても人の必要に応じることなのです。エーリッヒ・フロムは、「責任をとる」とは「応える」ことができ、その用意ができていること、それは愛の構成要素であると言っています。

自由と責任は相容れないと言う人もいます。家族の結びつきでさえ、重荷に感じる場合もあります。自分の自由にしか興味がなければ、責任が自由の邪魔だと感じるようになります。

ジョン・パウエルの言葉は、公正とは共通の人間性を分かち合い、求めることだと教えてくれます。それは人のつながりの中にこそ真の自由があるということです。個人主義の社会では独立を理想と考えますが、私たちは相互の依存関係を大切にする必要があります。

> 自由とは独立ではなく、関係性の中にある。自由になるとは、多くの相互依存の関係性に入り込むことだ。多くのコミュニティに関わるほど、人は人生を満喫し、意味ある生き方をするための多くの選択肢を手にする。人と交わることが何よりの安泰なのだ。[10]

ハートフルネスの関係性の中では、愛する対象のいのちや成長を気にかけるようになります。思いやりで反応し、相手の人生がその人だけにとどまらず自分事として感じられるのです。自分だけではなく、仲間としての人間への責任を感じます。愛をもって応えれば、行動することは重荷でも犠牲でもありません。自分の良心や価値のまっすぐな表明になるのです。

奉仕とリーダーシップ

奉仕の精神は、社会的責任の点から自分を省みるとともに、人を政治に結びつけるリーダーシップの訓練によっても学ぶことができます。活動家で大学教授のマーシャル・ガンツによって考案されたパブリック・ナラティブは、その手法のひとつです。彼はラビ・ヒレルの言葉に触発されています。

もし私が自分の味方でなければ、誰がなってくれるだろう？
もし私が自分のためだけに生きるなら、私は何者なのだろう？
今やらなければ、いつできるのか？[11]

パブリック・ナラティブでは、自分がなぜその仕事に就くことになったのか、というストーリーを語ります。ストーリーはハートの言葉で自分の持つ価値を伝えます。ハートから出る言葉は、自分と相手が行動するための勇気をかき立てます。私たちは「頭」と「ハート」によって、人に呼びかけ、現実を変えるべく行動するのです。

人に仕えるリーダーシップもまた、奉仕への意識を具体化する行動の形です。奉仕するリーダーは自分の力を人と共有し、人のニーズを第一に考え、人が健やかに、賢く、自由になれるよう援助します。こうしたリーダーは、ひとつの組織が教育、社会、経済、そして政治的なエコシステムの複合体として存在することを理解しています。また自分が、株主だけではなく、従業員や、顧客、供給業者、それらを取り巻くコミュニティ全体に責任を負っていることを意識します。こうした奉仕するリーダーシップは、多くの宗教でも説かれています。

そうしたあり方は、リーダーについての見方を根本的に変えてしまいます。グレース・リー・ボッグスは、それを「部下」を兼ねた「リーダー」と呼び、「私たちが求めていたのは、私たちのようなリーダーだ」と言いました。また、誰もがリーダーシップを担う責任を負うべきだという、明確なメッセージを発しています。彼女はマーティン・ルーサー・キング牧師の言葉を引用して、私たちを励まします。「愛と思いやりを感傷的な弱さではなく、究極のリアリティへと導く扉の鍵として見るべきだ」[12]

彼女の使命は、個人レベルでも組織の中でも、生産的で、持続可能で、環境に配慮し、公正なコミュニティづくりに邁進する、変容をもたらすリーダーの素質の育成でした。活動家、アーティスト、知識人たちによる地域の、国家の、世界的なネットワークによって、21世紀の課題に取り組むため、彼女は仲間とともに、新たな暮らしと、生き方と、考え方を推進しているところです。計り知れないほど多くの問題に直面しながらも、ボックスが重要視するのは、野菜を育てることなどの基本的生活です。

街中でのガーデニングは、たんに入手困難な人々に健康な食品を届けるだけでなく、時間や、歴史や、地球に、今までと違った関わり方をする目的がある。それによって、若者の地球との関係性が変わってくる。また若者の年配者との関係性が変わってくる。時間との関係も変化する。ボタンを押すだけで現実を変えられると思うなら、人間としてまったくの筋違いだ。[13]

ボックスは、現実を変えたいのなら内なるパワーを大切にすることだと支持者たちを励ましながら、人生の大半を精力的に社会的公正の活動にあてました。そのおもな障害になるのは被害者意識です。進歩が滞り、成長や成熟が止まっているとわかっても、私たちは自らの被害者意識に執着します。自身の不運を誰かのせいにするかぎり、とどのつまりは自滅に向かい、状況を乗り越え、癒されて進むことができなくなるのです。ゆるすことができなければ、心の痛みにもとづくアイデンティティが創造され続けます。

恨みや憎しみに陥らないために、世界のそして自他の苦しみを理解するためにも、思いやりとやさしさが必要です。社会的責任がそれを可能にします。人を苦しみから解放する仕事をするとき、心への取り組みこそが社会公正実現への道だとわかります。

ジョン・パウエルは書いています。

共感を持った探求者やリーダーは、どれほど困難な状況にあっても分野を越える目を持ち、愛をもたらす能力がある。彼らは、苦しむ人のケアを超えた、意味ある行為に身を捧げる。つまり愛の社会的な顔である公正に奉仕するのだ。[14]

精神性と社会的責任

責任と結びついている奉仕は、世界に向かって与える積極的な愛の形です。愛する人は、もっとも貴重なギフトである自分自身を与えます。奉仕の中で彼らは、内なる生き生きした要素——喜び、智慧、ユーモア、悲しみを捧げます。

脚本家のジョージ・バーナード・ショーにとって、奉仕の天命は「それだけで喜び」でした。[15]心理学者のウィリアム・ジェームズは、天命を「悲痛な願いによって行動し、いかなる苦痛も引き受ける深い情熱的な至福」と書いています。[16]喜びや至福は誰でも歓迎するでしょうが、苦しみの受容はたやすくありません。理想に従う天の道は高潔ですが、実際には大方が安全な道を選びます。困難な道を選択する人は、自己の真実、情熱、ときにはそれ以上にミッションに導かれてゆくことが多いのです。

国連の事務総長だったダグ・ハマーショルドは、職務遂行の人生の中でも世界平和を保つという最高の重責を負い、深刻な精神的困難に直面しました。彼は、自身を投げ出すことが自己実現につながるという神秘家についての著作の中で、奉仕にインスピレーションを見いだすことについて書いています。神秘家たちは、属するコミュニティの求めに応じて、責務の声に従いました。

私たちは、与えられた運命の枠組みを選ぶことをゆるされていない。冒険を望む者には、その勇気の程度にふさわしい体験がある。犠牲を望む者は、そのハートの純粋さにふさわしい贈りものを受けるだろう。[17]

ハマーショルドは、平和維持のミッションでコンゴを訪問中に、おそらく彼の介入に対抗する反対勢力の銃撃によって、搭乗した飛行機が墜落し、いのちを落としました。関係者以外には大した犠牲とは感じられないかもしれませんが、そこには深い意味があります。心理学者エリク・エリクソンは、人種のマイノリティに属する革新的な作家たちを殉教者としても見ています。[18]

彼らは安易な生き方を放棄し、自身の個人的な体験を生かして自己疎外というアイデンティティの問題を表現しようという、良心的決意をしています。彼らは作品を創り出すために、苦痛に満ちた自己意識を受け入れます。アーティストたちは、人類が「私たち」と「彼ら」によって分裂する破壊的あり方を乗り越えるために、「人類は皆ひとつである」という革命的な目覚めを提供するのです。

私は、責任と犠牲を伴う奉仕の話が、教えている学生たちにどういう意味を持つのかをよく自問します。彼らが理想と奉仕を実践するよう導かねばならないのだろうかと。そういった望みを持つことが正しいのかどうか、よくわかりません。私が生きる世界を見れば、理想は特別なヒーローのため、その他の我々は平凡さに甘んじているように見えます。

いわゆるまともな考え方は明らかに俗世間に従うもので、それは平穏な郊外の家に象徴されます。私の同僚には、スピリチュアルな要素を含まず学問だけを教えるのが私たちの役割だと言う者もいます。理想は幻想のもとだと考える人もいます——理想を求める生き方など不可能と知って学生ががっかりするだけであると。私自身は、学生たちにバランスのとれた生き方を示す責任があると思っています。

それでもなお、奉仕の理想を大切にすれば、人生が統合され、見通しが良くなってすべきことが見えるようになると思います。目的意識からは勇気と思いやりが生まれます。理想通りにはいかなくても、地に足をつけ、バランスをとり、自分の全体性が感じられるはずです。

私たちはつねに、自分の中心的な価値観やスピリチュアルな生き方をあきらめる働きかけにさらされています。そして世俗的な効率や、速度、地位、安全、収入の増加、物質的な心地よさなどの追求をうながされるのです。この社会から離れられないほとんどの人は、要求の厳しい社会の中でスピリチュアルに生きるモデルとなる導きを求めています。モデルとなるような精神的指導者は、神の愛と、他者への思いやりと、自分の人生を完全にひとつにし、さまざまな信仰のある、または無宗教の人々とつながるために、人生を歩む努力をしています。その目的によって生きるため、彼らはたんに言葉だけではなく、自らが道を歩みながら教えるのです。

私のできる最善は、若者だけでなく年配者にも理想の見本を示し、彼らが自らの人生について深く考え、変わるための手助けをすることかもしれません。私は自分の智慧を生かして、人の人生の可能性を開く手伝いがしたいのです。私にとってはそれがダルマ（法）――人を本来のあり方に立ち返らせる本質、一人ひとりが世界の中で果たす役割――の意味です。私たち一人ひとりの課題は、自分自身のダルマを知り、自分本来の天命を探求し、求められている行動を行うこと、そしてこの驚くべき人生の中で自らの役割を果たすことなのです。

ハートフルネスと社会運動

ブロンドのスマートな白人女性が脚を組んで目を閉じ、美しい自然の中で「マインドフルに」「内的な平和」を探求する——最近そうしたマインドフルネスのイメージが問い直されています。マインドフルネスはもはや特権階級の贅沢ではないでしょう。一般人だけのものでも、多くの基本的問題を抱えるマイノリティ向けというわけでもありません。多くの人が、マインドフルネスには個人的利益や企業の成長以上の意味があり、個人と社会の変容の可能性があると主張しています。[19]

２０１６年、私はスタンフォードで「ハートフルネス」というタイトルの授業を初めて行いました。その翌年、私はアラン・ホルトとマーク・ゴンザレスとともに、「自由に生きる：人種平等の時代に癒しと創造性を具体化する」という、新しいコースをスタートしました。私たちは学生とともに、マインドフルネスを多様性と社会的公正に結びつける試みに乗り出し、解放と、個人と人間関係の癒し、社会行動、包容力のあるコミュニティの育成に努めています。そのハートフルネスの実践では、学生たちが知性や政治的なレベルを超えて、学びを自分自身の身に当てはめることを目指しています。[20]

学生たちはそれによって、社会に不平等をつくり出すイデオロギーを直視し、自分たちの特権を見直し、対等で与え合える関係性を学ぶ、困難なプロセスに取り組めるようになります。難しいテーマが浮かんできたときに、学びの可能性が熟す状況になるまで待つ態勢をとり、その場に踏みとどまります。

この取り組みを、特権的な学生たちの特権行使の自己満足を増長させるだけと見ることもできるかもしれません。グーグル社やスタンフォードのような有名大学、アメリカ海軍などの強力な組織によって、マインドフルネスがエリートビジネスの主流に導入されるのを見るにつけ、それが根本的に社会を変えられるのかという疑問も浮かびます。事実マインドフルネスは、この世界をやさしく、寛大で、平等に変える力になるのでしょうか？

幸福について日常的に話題にすることが、平等、公正、真実、倫理などの問題提起につながることを私は願います。しかし幸福が個人の選択の問題であり、すべてが生き方によるもので社会状況とは無関係だと言うなら、不平等や抑圧は変わりません。生活状況とは関係なしに万人が同じく幸福になれるとすれば、その幸福感は、階級や社会的立場や経済の格差、または貧困といった構造的な障壁をほうっておくための都合の良い言い訳になります。ハートフルネスは、思いやりと責任によって積極的かつはっきりとマインドフルネスをすべてのものの利益に結びつけ、そうした質《たち》の悪い幻想に対抗するのです。

自分の変容に取り組む人々が、仲間とともに社会変革を深く考えようとしています。2015年1月、ジョン・カバット・ジンが科学者のアンジェラ・デイヴィスと「マインドフルネスと自由の可能性」というタイトルで対談を行いました[21]。

デイヴィスは、カバット・ジンに、社会の中のマインドフルネスの意味について、いくつかの問いをぶつけました。

「人種間の不平等に対してマインドフルネスはどう役立つか？　それは特権的な立場の人々の道具なのか？　マインドフルネスとは、乗り気になれない自分を変えずに、資本主義というゲームの過剰なペースに身を投じることを可能にする手法なのか？　マインドフルネスは社会的公正にじかに役立つのか？」

カバット・ジンは、彼の信条にもとづいて答えました。マインドフルネスの実践で高められた気づきによって、大きな苦しみを集合的につくり出す貪欲、憎悪、妄想などを根こそぎにすることは可能だと。デイヴィスはこれに対し、人種差別や性差別はたんなる個人的あり方の問題ではなく、抑圧という全体的なシステムに関わるものだと述べ、個人的な心の習癖だけにフォーカスする実践が社会システムに永続的変化を起こせるのかどうか、疑問を投げかけたのです。彼女は、マインドフルネスが抑圧的なシステムに照準を当てた社会運動に融合し、どんな形態の統合策が可能かを問えば、革命的な力になりうると見ています。

デイヴィスとカバット・ジンの対話は、現代社会のマインドフルネスと社会的公正の統合の進展を象徴しています。多くの組織にハートフルネスのメッセージが浸透し、組織のメンバーに奉仕への目的意識が育つことで、マインドフルネスにコンパッションと責任が合流してきました。そうした組織ではメンバーがよりバランスのとれた生活をし、仕事と家庭を両立させ、個人を超える大いなるものとのつながりを感じて、人の暮らしの向上のために努力できるようになっています。

マインドフルなコミュニティの参加者は、人種差別や性差別などの社会問題に取り組む努力を通して、多様性と受容のニーズを自覚していきます。組織は、権力と特権について自己を省みるよう努め、日常的なやりとりやコミュニティ内で不平等な構造がぶり返すことを防ぐのです。

進歩的な組織は、マインドフルなセルフケアを取り入れ、革新的な変化を実現するためには深く持続的な関わりが必要なことを知っています。さまざまな組織が、さらに効果的でより持続可能な平等実現のすべての活動をサポートするために、社会変革の遂行者、活動家、協力者たちの内面と社会的生活をつなぎ、マインドフルネスの実践を始めています。そうすることで、情報のばらまき、分析、討議などのたんなる知的な作業をやめ、平等主義の深いレベルの導入が可能になるのです。

ハートフルネスは自覚と他者への気づきを育て、自らの内なる偏見に気づかせます。自分の恐れに気づけば、自らの成長を阻む壁に直面し、乗り越え、他者や支配的システムによって負った尊厳の傷を癒せるでしょう。[22]

個人の変容と政治の変容の出会いの可能性は熟しています。マインドフルネスだけでは政治的な変革を促進できませんが、それが社会運動とつながれば解放の可能性が発揮されます。一人ひとりが責任を持てば、希望が絶望に打ち勝つこのムーブメントに貢献でき、状況が不確定でも人の目的達成に力を貸し、自分が求めてきたリーダーに自分自身がなれるでしょう。

ハートフルネスは、すべての人に公正で平等なコミュニティの中で、思いやりと責任を持ったメンバーとなれるようサポートし、マインドフルネスと社会的公正を結びつけます。リーダーシップを重んじ、責任を引き受け、人と関わる――そのためには、人生の圧倒的な困難に直面したときの無力感を克服しなければなりません。

たくさんの人が苦しんでいるのに、どうして自分だけが幸せになれるだろうか？　と思うかもしれません。しかし、これ以上は進めないというとき、世界の放置できない飢え、戦争、環境汚染、不公正などの解決に向かって進むしかないことがわかります。消費主義の不毛にはまり込んだり、鬱屈の霧に沈んだり、アルコールやドラッグや、セックス、暴力などで麻痺しないためにも、歩みを進めるのです。

すでに読者は、子どもに教えたり、友の話を聴いたり、庭の手入れをするなど、身近な人間関係や住む場所で思いやりの行動をしているかもしれません。本書では、遠くから助けを求める苦しみの声、その声を発している人たちに向けた、思いやりの行動をほかにも提案しました。苦しみ、不公正、不平等を指摘し、予防し、正すプログラムと同時に、私たち一人ひとりの思いやりある対応が必要です。

ラム・ダスとミラバイ・ブッシュは書いています。「誰かの叫びを耳にしたとき、自らと人に対して誠実に生きようとすれば、それに応えたくなる。その思いに呼応して何人かの仲間が集まり、世界の苦しみを少しでもなくすべく働くようになるだろう」[23]

人類が抱える膨大な問題を解決するために、文化の根本的な変革と多くの人の参加と自発性が必要であるとわかれば、より良い世界を思い描くだけでは力になりません。明確な解決策のない大問題との共生は、人生の課題です。困難に目を背けないと決めても、問題の大きさと比べてささいな努力など何の役にも立たないと感じるかもしれません。

大規模な行動を起こし、大勢の人間に影響を与える力のある特別な人々と自分は違うと悟ることもあるでしょう。しかし一人ひとりが自分のあり方を選択し、立場をはっきりと表明すれば、特有の働きをすることができます。恐れのない人はいません。しかし思いやりある責任感で足場が固まれば、人生を肯定することができます。結果が出ず失敗するかもしれなくても、自分の生き方と指針を肯定できるでしょう。

ハートフルネスを行動に移す人は、すべてのいのちのつながりを信じています。多くの神秘家や預言者の言葉のように、微細で神秘的なレベルでは、皆つながっているワンネスなのです。自らの人生に癒しと健やかさが生まれ、たとえひとりの相手にでもそれを与えれば、それが世界の不公正、苦しみ、痛みへのやさしさと謙虚さに満ちた答えになります。

私たちは皆、自分に、誰かに、そして今の世界に向かって行動することができるのです。
私の仕事の大部分は大学で教えることです。そこで私は学生たちを小さいグループに分け、その中で彼らがより人間らしさを発揮できるような指導に努めています。人間や地球にあふれる苦しみの大きさからすると、わずかな働きかもしれませんが、私ができることはこれなのです。生きることが大変で、共感するのは難しいと知り始めた若者たちに関わりながら、ひとりの学生がハートフルネスについて書いた一文に心を揺さぶられました。

授業で起こったことはひとつの小さな奇跡でした。私たちは自分の心の中の、仲間との、人々との間にある壁を越え、切望していたつながりを求め、努力を続けることが大切だとわかりました。今お互いへの感謝を抱き、ここにいること自体に感謝しています。

私たちは、今ここに無限の可能性があることを感じながら、初心を発揮させるべき瞬間に立っています。私たちは、人類が破滅の危機に瀕しているのに、それをありふれた問題として気にもとめない、この奇妙な時代に生きているのです。それでも進むしかありません。こうした時期にマインドフルネスとハートフルネスについて本にする意味は何でしょうか？　きっと何かの役に立つはずと信じる私は、愚か者なのかもしれません。それでも私は書き続けます。ほとんどの人がそうして生きていくのではないでしょうか？　これ以上進めないと思ったときこそ、進むべきです。人生の意味がそのとき明らかになります。今あるものを生かしてベストを尽くすこと。そうです、これが私のベストなのです。

本書を手に取ってくださった皆さんの思いに感謝します。

私の目的は何だろう？

1 「私が手をつけなければ、達成しなかったことは何だろう？」

この問いについて考えてみましょう。

2 思ったことを10分間で書きます。

3 「人生の目的は、今あるものを生かしてベストを尽くすこと」

この言葉を読んで考えてみましょう。

4 思ったことを10分間で書きます。

11 私のヴィジョンを実現する

オードリー・ロードの言葉を読み返します。「私が力を尽くし、自らのヴィジョンのために力を発揮すれば、私が恐れているかどうかはささいな問題になっていく」

1 あなたが実現したいこと、または自分の行動次第で実現すると思うことについて考えます。

2 何があなたの行動を妨げているのでしょうか?

3 恐れを超えてヴィジョン実現のために行動する自分を想像します。

4 思ったことを10分間で書きます。

おわりに

本書を読んでいただき感謝します。この本が皆さんが変わるため、そして社会の変化のための後押しに少しでもなれば幸いです。インスピレーション、啓示、気づきなど、どんな体験もすばらしいと思います。しかしあとには、その新しい世界観に導かれて日常を生きるという難しい課題が待っています。私たちは、そうした生き方によって、信念を行動に移し、人生の中で表現しながら、自分がなりたかった者になっていきます。それがハートフルネスの道です。

本書出版のために尽力くださった人たちに感謝いたします。私は、生まれてから、じつに多くの人からコンパッションを受け取ってきました。すでに亡くなった方たちもいますが、誰もが私の心の中に存在しています。彼らは私の中で生き続け、その愛と智慧がこの本に表れています。そうして愛を受け取ってきたように、私も人に愛を与えられたらと思います。

私の思いを明快な日本語にして伝えてくださった、信頼のおけるすばらしい翻訳者・島田啓介氏に感謝します。また、私のメッセージを信じて出版に導いてくださった編集の三輪謙郎氏にもお礼を申し上げます。とりわけ、妻のちなは、私の記述の修正を助けてくれただけでなく、長期にわたる執筆と出版までの大変なプロセスで私を信頼し、支えてくれました。本当にありがとう。

最後に、この祈りで締めくくりたいと思います。

奇跡だ、あなたがここにいるのは
奇跡だ、私がここにいるのは
奇跡だ、私たちがここにいるのは

「あなたがここにいる」とは、人間の存在を超えた何かがあるという認識を表す言葉です。それは過去や未来と私たちを結びつけます。出生前と死後をも含むかもしれません。「あなたがここにいる」は、存在の神秘へのゆだねであり、自然、宇宙、真理と美への畏敬です。「あなたがここにいる」は、完全には理解することもコントロールすることもできない、人間の限界を超えたものへの信頼と信仰です。

「私がここにいる」とは、唯一の、すばらしいと同時に不完全な人間である自分自身を認めることです。「私がここにいる」は、私は生きており、自らの人生に責任があるということです。「私がここにいる」は、運命と、唯一の存在である自分の目的を信じ、その目的に向かって生きることです。「私がここにいる」は、死よりも生きることを選択すること、いのちを捨てたり無駄にするより、それを捧げることです。「私がここにいる」は、他の誰でもない自分が、個人として存在していることを知ることです。

「私たちがここにいる」とは、あらゆる存在と私たちの神秘的なつながりの意識です。「私たちがここにいる」は、物理的な分離を超えたすべてとのつながり合いの真実を見つめること、共感とコンパッションで壁を乗り越えられるのを知ることです。「私たちがここにいる」は、責任と奉仕に、与え受け取ることに、この世界で生き抜いていくために助け合うことに意味を見いだすことです。

この祈りが、皆さんの貴い人生を通して日々の導きとなりますように。

訳者あとがき

マインドフルネスからハートフルネスへ

本書は、Stephen Murphy-Shigematsu, From Mindfulness to Heartfulness: Transforming Self and Society with Compassion, BERRETT-KOEHLER PUBLISHERS, INC（２０１８年）の邦訳です。

著者の重松氏（親しみをこめてスティーヴンさん）とは、２０１８年、鎌倉市の古刹建長寺で年に1回行われている禅とマインドフルネスの国際シンポジウム「第2回Ｚｅｎ２・０」の会場で、お互いに登壇者として出会いました。講師控室でご挨拶しましたが、それ以前に彼の著書『スタンフォード大学マインドフルネス教室』（２０１６年　講談社）から大きな感銘を受けていた私は、「この方が重松先生か」と思うと大変緊張して、自己紹介以外の記憶がありませんでした。

その翌年の第3回にもお互いに登壇者として出会ったのですが、初めて深くお話ししたのは、湯島の東大近くの居酒屋に招かれたときです。彼のパートナーのちなさんとおふたりを相手に、私は浮かれた気持ちで話しこみ、自分のことばかり洗いざらい打ち明けてあとで恥ずかしい思いをしましたが、スティーヴンさんは終始にこやかに耳を傾けてくれました。寡黙ながら大きな包容力を持ったその人格に私はますます惹かれ、彼には人をオープンで素直にさせる魔法があるような気がしたのです。それからしばらくして本書翻訳の依頼をご本人から受けたのは、私にとって大きな驚きと喜びでした。

私は長年、仏教と仏教由来の瞑想法であるマインドフルネスを禅僧ティク・ナット・ハン師から学び、近年は著作の翻訳をし、彼の視点とメソッドをベースにしたマインドフルネスの講座や研修を行っています。そうした志向性からスティーヴンさんのマインドフルネスをタイトルにした著書に出会い、まったく来歴を異にするふたりの共通性にすぐ気づきました。マインドフルネスが個人的なストレス解消や問題解決を中心に注目を浴びる最近の動向とは、明らかに一線を画しているという点です。

私はつねづね、マインドフルネスには個人や特定の集団の「利益」を超えた重要な地平を拓く可能性があるという信念から活動していますが、本書は、マインドフルネスの歩みをさらに進める次のステップを、はっきりと「ハートフルネス（開かれたハート、思いやり、やさしさ、慈悲、コンパッション)」という言葉で示しています。

瞑想とは心の問題、心を解放するのは個人的な取り組みと思われがちです。その結果、自分(とまわりの少数者)の楽を優先しすぎるきらいがあります。しかし著者は、心と社会のつながり、内面と外面両方の取り組みが分離できないことを強調しています。それは、ティク・ナット・ハンの個人と衆生をともに救う「エンゲージド・ブディズム(現実に関わる仏教)」の精神とも通じるでしょう。

本書の翻訳は、全世界を覆うことになったコロナ感染の拡大の渦中で行われました。今世紀初頭の、ニューヨークのツインタワーを皮切りにしたテロや報復戦争の拡大に始まり、大規模な気候変動、国際的な経済破綻、宗教や民族闘争、政情不安など、世界を巻き込んだ問題が相次いでいます。どこにも逃げ場がないかのような出来事が、地球大で起こっているのです。そうしたなかで私たちは、個人の不安が世界の不安と直につながっていることを実感せざるを得ません。しかしそれは、誰もが地球大の運命共同体の一員であるという意識を育てる好機でもあります。

ハートフルネスは、とりわけこの時代に必要な「集合的マインドフルネス」の実践とも言えるでしょう。私たちの体がすべての器官の調和と協働で成り立っているように、現代の世界も一人ひとりの思いやりによってつくられるひとつの体である、という目覚めが必要になってきています。

宮沢賢治が『農民芸術概論綱要』で「世界がぜんたい幸福にならないうちは個人の幸福はあり得ない」と書いたような、切実な集合意識の必要が今生まれてきています。同じ文中で賢治は、近代科学と求道心の両立を重んじ、自我の意識は個人から集団社会宇宙と次第に進化すると書きました。

スティーヴンさんも彼個人の信念（求道心）や経験だけでなく、心理学者としてそれを裏打ちする科学的な実証を多数引用し、多くの賢人の言葉を紹介しています。それは彼自身の教育や研修現場での体験と合わせて、多くの実践例とともにハートフルな地球規模のコミュニティへと連なっていきます。

本書は、ハートフルネスを章ごとに8つの要素で俯瞰し、考察しています。またそれぞれの冒頭には、章の内容を象徴するハートフルなあり方を体現する人たちの言葉が置かれています。

全章を貫くのは、バイレイシャル（混血）として、ふたつの文化にまたがって生きる著者自身の困難ながら真実のストーリーです。先祖や曽祖父、祖母、父母から受け継いだ精神を大切に育み、人生にミッションを感じて歩んでいく姿勢は、まさに私たち自身に今何が課せられているのかを問いかけてきます。

著者に特徴的なふたつの世界の越境的な立場は、彼自身が体験するさまざまな二分法、たとえばハートと知、日米の文化や価値観、自由と責任、現実と理想の緊張関係として現れています。しかしその二分法を超えた地平には、軋轢や分断を超えた真実性が見えています。あたかも彼の父母が国境を超えて結ばれたように。4章で紹介されているズールー語の「サウボーナ」は、お互いの違いを認めつつ、存在そのものを尊重する普遍性のある挨拶です。

日本に長く住んだ経験を持ち、その文化をハートフルな眼差しで見つめる著者は、漢字や日本語にも新たな光を当てています。ひとつだけ取り上げれば、「しかたがない」と「がんばる」はどちらもネガティブに取り上げられがちですが、受容と変革の両方を抱えつつ現実に関わる、ニーバーの「静穏の祈り」、聖書の「コヘレトの言葉第3章」にも通ずる深い意味があることを初めて教えられました。

本書の翻訳はコロナの時期に重なり、生活面・精神面でのストレスにさらされながらの困難な作業になりました。しかし、くじけそうになる訳者を支えたのは、ほかならぬ本書中のさまざまな言葉でした。今だからこそ、ハートに響き、現実に取り組む力になる言葉が必要です。この時期に届けられる本書は、多くの人への貴重な贈りものになるでしょう。

翻訳にあたり、訳稿のチェックと質疑などのやりとりをたくさんしていただいたスティーヴンさんとパートナーのちなさん、ありがとうございました。伴走者としてここに至る道を先導していただいた大和書房の編集担当・三輪謙郎氏、さまざまな励ましをくれた友人たちもまた、出版を支えるハートフルなコミュニティの一員です。

とくに今回は、元編集者でもあった妻のさなえが翻訳の最初から見守ってくれただけでなく、ゲラを詳細にチェックしてくれました。息子の幸弥は10歳になり、言葉の仕事に興味を持ち始めています。家族は私にとっての最初のハートフルなコミュニティです。この出版を可能にしたそれらすべての人に感謝します。

本書が、すべての人々の心へのハートフルネスの種まきになりますように。

２０２０年９月　最後の蝉しぐれを聞きながら
丹沢山中のゆとり家にて

島田　啓介

4 Proverbs 11:17.

5 Dalai Lama, Twitter, 2:14 a.m., December 2010.

6 Wendy Liu and Jennifer Aaker, "The Happiness of Giving: The Time-Ask Effect," Journal of Consumer Research 35, no. 3 (2008): 543-57.

7 Audre Lorde, The Cancer Journals (San Francisco: Aunt Lute Books, 1997), 13.

8 Brian Morton, "Falser Words Were Never Spoken," New York Times, August 29, 2011.

9 Cornel West, Race Matters (Boston: Beacon Press, 1993).

10 john a. powell, Racing to Justice: Transforming Our Conceptions of Self and Other to Build an Inclusive Society (Bloomington: Indiana University Press, 2015).

11 Marshall Ganz, What Is Public Narrative?, https://comm-org.wisc.edu/syllabi/ganz/WhatisPublicNarrative5.19.08.htm.

12 Grace Lee Boggs, These Are the Times That Try Our Souls, http://animatingdemocracy.org/sites/default/files/documents/reading_room/Grace_Lee_Boggs_Grow_Our_Souls.pdf.

13 Bill Moyers and Grace Lee Boggs, https://vimeo.com/33217407.

14 powell, Racing to Justice.

15 George Bernard Shaw, Man and Superman: A Comedy and a Philosophy, https://archive.org/stream/manandsupermana06shawgoog#page/n7/mode/2up, 1903, xxxi.

16 Henry James, ed., The Letters of William James, vol. 1 (Boston: Atlantic Monthly Press, 1920).

17 Dag Hammarskjold, Markings (New York: Vintage, 2006).

18 Erik H. Erikson, "The Concept of Identity in Race Relations: Notes and Queries," Daedulus 95:1 (Winter 1966): 151.

19 The Activist's Ally: Contemplative Tools for Social Change (Northampton, MA: Center for Contemplative Mind in Society, 2011).

20 Beth Berila, Integrating Mindfulness into Anti-Oppression Pedagogy (New York: Routledge, 2015).

21 Angela Davis and Jon Kabat-Zinn, Mindfulness and the Possibility of Freedom, https://vimeo.com/117131914.

22 Angel Kyodo Williams, Being Black: Zen and the Art of Living with Fearlessness and Grace (New York: Penguin, 2002).

23 Ram Dass and Mirabai Bush, Compassion in Action: Setting Out on the Path of Service (New York: Harmony, 1995).

(recorded by the Rolling Stones), on Let It Bleed (LP) (London: Olympic Sound Studios, 1968).

第7章

1 Michelle Obama, transcript of Michelle Obama's Convention Speech, http://www.npr.org/2012/09/04/160578836/transcript-michelle-obamas-convention-speech.
2 Albert Einstein, Alice Calaprice (ed.), The Ultimate Quotable Einstein (Princeton, NJ: Princeton University Press, 2013).
3 Dalai Lama, Your Precious Human Life, http://buddhistreflections.blogspot.com/2011/01/your-precious-human-life.html.
4 David K. Reynolds, The Quiet Therapies: Japanese Pathways to Personal Growth (Honolulu: University of Hawaii Press, 1983).
5 Anabel Stenzel, The Power of Two: A Twin Triumph Over Cystic Fibrosis (Columbia, MO: University of Missouri Press, 2014).
6 Barnett and Kim Pearce, Facing West: On Mortality, Compassion, and Moments of Grace (unpublished journal).
7 Soh Ozawa, Nihon no Ki: Fufu Gan no Nikki [Two Trees: A Couple's Cancer Journal] (Tokyo: NHK Shuppan, 2010).
8 Tojo Thatchenkery and Carol Metzker, Appreciative Intelligence: Seeing the Mighty Oak in the Acorn (San Francisco: Berrett-Koehler Publishers, 2006).
9 David Cooperrider, What Is Appreciative Inquiry?, http://www.davidcooperrider.com/ai-process/.
10 Alex M. Wood, Jeffrey J. Froh, and Adam W. A. Geraghty, Gratitude and Well-Being: A Review and Theoretical Integration, https://greatergood.berkeley.edu/pdfs/GratitudePDFs/2Wood-GratitudeWell-BeingReview.pdf.
11 R. A. Emmons and A. Mishra, “Why Gratitude Enhances Well-Being: What We Know, What We Need to Know,” in K. Sheldon, T. Kashdan, and M. F. Steger, eds., Designing the Future of Positive Psychology: Taking Stock and Moving Forward (New York: Oxford University Press, 2012).
12 David Steindl-Rast, Want to Be Happy? Be Grateful, https://www.ted.com/talks/david_steindl_rast_want_to_be_happy_be_grateful.
13 Ibid.

第8章

1 Daniel Goleman, The Dalai Lama - A Force for Good: The Dalai Lama's Vision for the World (New York: Bantam Books, 2015), ix.
2 Inazo Nitobe, Bushido (Tokyo: Kodansha International,1998).
3 Yamamoto Tsunetomo, Hagakure: The Book of the Samurai, trans. William Scott Wilson (Tokyo: Kodansha International, 1979).

14 Edgar Schein, Humble Inquiry: The Gentle Art of Asking Instead of Telling (Oakland, CA: Berrett-Koehler, 2013).
15 Paul J. Zak, Why Your Brain Loves Good Storytelling, https://hbr.org/2014/10/why-your-brain-loves-good-storytelling.
16 Thich Nhat Hanh, Oprah Winfrey Talks with Thich Nhat Hanh, https://www.youtube.com/watch?v=NJ9UtuWfs3U.

第6章

1 Jalal Al-Din Rumi, The Illuminated Rumi, trans. Coleman Barks (New York: Broadway Books, 1997).
2 Viktor Frankl, Man's Search for Meaning (Boston: Beacon Press, 2006).
3 Paul Kalanithi, When Breath Becomes Air (New York: Random House, 2016).
4 Kiyo Morimoto, Chapel Talk, unpublished paper, 1984.
5 His Holiness the Dalai Lama and Howard C. Cutler, The Art of Happiness (New York: Riverhead Books, 2009).
6 Madoka Mayuzumi, So Happy to See Cherry Blossoms: Haiku from the Year of the Great Earthquake and Tsunami (Winchester, VA: Red Moon Press, 2014).
7 Randy A. Sansone and Laurie A. Sansone, Gratitude and Well-Being: The Benefits of Appreciation, https://www.ncbi.nlm.nih.gov/pmc/articles/PMC3010965/.
8 Todd Kashdan, The Problem with Happiness, http://www.huffingtonpost.com/todd-kashdan/whats-wrong-with-happines_b_740518.html.
9 Epictetus, Internet Encyclopedia of Philosophy, http://www.iep.utm.edu/epictetu/.
10 Ram Dass and Mirabai Bush, Compassion in Action: Setting Out on the Path of Service (New York: Harmony, 1995).
11 Jan Thomas, Grace Lee Boggs Sees a Looming Great Sea Change, https://soulandmeaning.com/social-change-spirituality/grace-lee-boggs-sees-a-looming-great-sea-change/.
12 Shoma Morita, Morita Therapy and the True Nature of Anxiety-Based Disorders (Shinkeishitsu) (Albany: State University of New York Press, 1998).
13 Iris B. Mauss, Maya Tamir, Craig L. Anderson, and Nicole S. Savino, Can Seeking Happiness Make People Unhappy? Paradoxical Effects of Valuing Happiness, Emotion 11(4), 807-15.
14 Carl Rogers, On Becoming a Person: A Therapist's View of Psychotherapy (Wilmington, MA: Mariner Books, 1995).
15 Richard Katz and Stephen Murphy-Shigematsu, Synergy, Healing, and Empowerment: Insights from Cultural Diversity (Calgary, Can.: Brush Education Inc., 2012).
16 Ecclesiastes 3:1 (King James version).
17 Mick Jagger and Keith Richards, “You Can't Always Get What You Want”

12 Anzaldua, "(Un)natural Bridges, (Un)safe Spaces."
13 Paul Ekman, Moving Toward Global Compassion (San Francisco: Paul Ekman Group, 2014).
14 Dag Hammarskjold, Markings (New York: Vintage, 2006).
15 Mary Field Belenky and Ann V. Stanton, "Inequality, Development, and Connected Knowing," in Jack Mezirow and Associates, eds., Learning as Transformation: Critical Perspectives on a Theory in Progress (San Francisco: Jossey-Bass, 1991), 71-102.
16 Stephen Murphy-Shigematsu, "Respect and Empathy in Teaching and Learning Cultural Medicine," Journal of General Internal Medicine 2010, May 25.
17 Hirotada Ototake, Nihon no Tayousei no Genzaichi wa? [What's the state of Japan's Diversity?], http://www.news-postseven.com/archives/20150702_333418.html.

第5章
1 Thich Nhat Hanh, Touching Peace (Berkeley, CA: Parallax Press, 1992).
2 Shunryu Suzuki, Zen Mind, Beginner's Mind: Informal Talks on Zen Meditation and Practice (Boulder, CO: Shambhala Publications, 2011).
3 Stephen Murphy-Shigematsu, "We Are Not Our Bodies," Academic Medicine 84, no. 8 (August 2009), 981.
4 Mimi Guarneri, The Heart Speaks: A Cardiologist Reveals the Secret Language of Healing (New York: Touchstone, 2007).
5 Daniel J. Siegel, Mindsight: The New Science of Personal Transformation (New York: Bantam, 2010).
6 Carl Jung, Dreams, Memories, and Reflections. (New York: Vintage, 1965). 134.
7 Yamamoto Tsunetomo, Hagakure: The Book of the Samurai, trans. William Scott Wilson (Tokyo: Kodansha International, 1979).
8 Carl Rogers and Richard Farson, Active Listening (Mansfield Centre, CT: Martino Publishing, 2015).
9 Amy Chua/Tiger Mom, I didn't expect this level of intensity, https://www.youtube.com/watch?v=GAel_qRfKx8.
10 Jalal Al-Din Rumi, The Illuminated Rumi, trans. Coleman Barks (New York: Broadway Books, 1997).
11 Henri Nouwen, Reaching Out: The Three Movements of the Spiritual Life (New York: Image, 1986).
12 Ernest Kurtz and Katherine Ketcham, The Spirituality of Imperfection: Storytelling and the Search for Meaning (New York: Bantam, 1993).
13 Richard Katz and Stephen Murphy-Shigematsu, Synergy, Healing, and Empowerment: Insights from Cultural Diversity (Calgary, Can.: Brush Education Inc., 2012).

no-authentic-self/.

15 James Pennebaker, "Writing about Emotional Experiences as a Therapeutic Process," Psychological Science 8, no. 2 (May 1997): 162-66.

16 James Pennebaker, Writing to Heal: A Guided Journal for Recovering from Trauma and Emotional Upheaval (Oakland, CA: New Harbinger Press, 2004).

17 Todd Kashdan and Robert Biswas-Diener, The Upside of Your Dark Side: Why Being Your Whole Self, not Just Your "Good" Self, Drives Success and Fulfillment (New York: Penguin Publishing, 2015).

18 Graham Nash, "Teach Your Children" (recorded by Crosby, Stills, Nash, and Young), on Deja Vu (LP) (San Francisco: Wally Heider's Studio C, 1970).

19 Mihaly Csikszentmihalyi, Creativity: Flow and the Psychology of Discovery and Invention (New York: Harper Perennial, 2013).

第4章

1 Three Poems by Pat Parker, http://lithub.com/three-poems-by-patparker/.

2 Erich Fromm, The Art of Loving (New York: Harper, 2006).

3 Gregory M. Walton, Geoffrey L. Cohen, David Cwir, and Steven J. Spencer, "Mere Belonging: The Power of Social Connections, Journal of Personal and Social Psychology 102(3) (March 2012): 513-32, doi: 10.1037/a0025731, epub October 24, 2011.

4 T. S. Eliot, Little Gidding, http://www.columbia.edu/itc/history/winter/w3206/edit/tseliotlittlegidding.html.

5 David Desteno, The Kindness Cure, https://www.theatlantic.com/health/archive/2015/07/mindfulness-meditation-empathy-compassion/398867/.

6 Julia Kristeva, The Kristeva Reader, trans. Toril Moi (Oxford: Basil Blackwell, 1986).

7 Albert Einstein, The World as I See It, https://archive.org/stream/AlbertEinsteinTheWorldAsISeeIt/The_World_as_I_See_it-AlbertEinsteinUpByTj_djvu.txt.

8 Three Poems by Pat Parker.

9 Gloria Anzaldua, "(Un)natural Bridges, (Un)safe Spaces," in This Bridge We Call Home: Radical Visions for Transformation, Gloria Anzaldua and AnaLouise Keating, eds. (London: Routledge, 2002).

10 john a. powell, Racing to Justice: Transforming Our Conceptions of Self and Other to Build an Inclusive Society (Bloomington: Indiana University Press, 2015).

11 Laurent A. Parks Daloz, "Transformative Learning for the Common Good," in Jack Mezirow and Associates, eds., Learning as Transformation: Critical Perspectives on a Theory in Progress (San Francisco: Jossey-Bass, 1991), 103-24.

youtube.com/watch?v=wwcFdAu0thE.

8 Tenelle Porter, http://www.slate.com/bigideas/what-do-we-know/essays-and-opinions/tenelle-porter-opinion; Victor Ottati, Erika D. Price, Chase Wilson, and Nathanael Smaktoyo, "When Self-Perceptions of Expertise Increase Closed-Minded Cognition: The Earned Dogmatism Effect," Journal of Experimental Social Psychology 61 (November 2015): 131-38.

9 bell hooks, http://www.ncte.org/magazine/archives/117638.

第3章

1 Audre Lorde, Sister Outsider: Essays and Speeches (Toronto, ON: Crossing Press, 2007).

2 bell hooks, Talking Back: Thinking Feminist, Thinking Black (New York: South End Press, 1989).

3 Erik H. Erikson, "The Concept of Identity in Race Relations: Notes and Queries," Daedulus, 95:1 (Winter 1966): 151.

4 Albert Einstein, The World as I See It, https://archive.org/stream/AlbertEinsteinTheWorldAsISeeIt/The_World_as_I_See_it-AlbertEinsteinUpByTj_djvu.txt

5 How the Brain Changes When You Meditate, https://www.mindful.org/how-the-brain-changes-when-you-meditate/.

6 Henry James, ed., The Letters of William James, vol. 1 (Boston: Atlantic Monthly Press, 1920).

7 "You've got to find what you love," Jobs says, http://news.stanford.edu/2005/06/14/jobs-061505/.

8 john a. powell, Racing to Justice: Transforming Our Conceptions of Self and Other to Build an Inclusive Society (Bloomington: Indiana University Press, 2015).

9 Hajimete jibun de jibun o hometai to omoimasu [The first time I feel like I want to praise myself], http://london2012.nikkansports.com/column/quotations/archives/f-cl-tp0-20120706-978771.html.

10 Scott Barry Kaufman, "The Differences Between Happiness and Meaning in Life," Scientific American, https://blogs.scientificamerican.com/beautiful-minds/the-differences-between-happiness-and-meaning-in-life/.

11 Roy J. Baumeister, Meanings of Life (New York: Guilford Press, 1992).

12 Emily Esfahani Smith and Jennifer Aaker, In 2017 Pursue Meaning Instead of Happiness, Science of Us, http://nymag.com/scienceofus/2016/12/in-2017-pursue-meaning-instead-of-happiness.html.

13 Nick Craig and Scott A. Snook, "From Purpose to Impact," Harvard Business Review, https://hbr.org/2014/05/from-purpose-to-impact.

14 Derek Beres, Yoga Myths: There Is No Authentic Self, http://upliftconnect.com/

(San Francisco: Jossey-Bass, 2014).
9 Emily Campbell, Research Round-up: Mindfulness in Schools, https://greatergood.berkeley.edu/article/item/research_round_up_school_based_mindfulness_programs.
10 Chase Davenport and Francesco Pagnini, Mindful Learning: A Case Study of Langerian Mindfulness in Schools, https://www.ncbi.nlm.nih.gov/pmc/articles/PMC5018476/.
11 Palmer and Zajonc, Heart of Higher Education.
12 Jon Kabat-Zinn, Full Catastrophe Living (New York: Bantam Books, 2013), xxxv.
13 Wayne Muller, A Life of Being, Having, and Doing Enough (San Jose, CA: Harmony, 2011).
14 John Lennon, "Beautiful Boy (Darling Boy)" (recorded by John Lennon), on Double Fantasy (LP) (New York: The Hit Factory, 1980).
15 Myla and Jon Kabat-Zinn, Everyday Blessings: The Inner Work of Mindful Parenting. (New York: Hachette, 1994).
16 Kahlil Gibran, The Prophet (New York: Alfred A. Knopf, 1973).
17 Daniel Goleman, Richard Boyatzis, and Annie McKee, Primal Leadership (Boston: Harvard Business Review Press, 2013).
18 Edgar H. Schein, Humble Inquiry: The Gentle Art of Asking Instead of Telling (Oakland, CA: Berrett-Koehler, 2013); Scharmer, Theory U; Tim Brown, Change by Design (New York: HarperCollins, 2009).
19 Tania Singer and Matthieu Ricard, eds., Caring Economics: Conversations on Altruism and Compassion, between Scientists, Economists, and the Dalai Lama (New York: Picador, 2017).

第2章

1 Tokugawa Ieyasu on Coping with Challenges in Life, Han of Harmony, http://hanofharmony.com/tokugawa-ieyasu-on-coping-with-challenges-in-life/.
2 Ibid.
3 Richard Katz and Stephen Murphy-Shigematsu, Synergy, Healing, and Empowerment: Insights from Cultural Diversity (Calgary, Can.: Brush Education Inc., 2012).
4 Ibid.
5 Chester Pierce, "Offensive Mechanisms," in The Black Seventies, Floyd Barbour, ed. (Boston: Porter Sargent Pub., 1970).
6 Melanie Tervalon, "Cultural Humility versus Cultural Competence: A Critical Distinction in Defining Physician Training Outcomes in Multicultural Education," Journal of Health Care for the Poor and Underserved 9, no. 2 (1998): 117-25.
7 Leonard Bernstein, Lehren and Lernen, Teaching and Learning, https://www.

原注

はじめに

1 Jerry Garcia and Robert Hunter, “Ripple” (recorded by the Grateful Dead), on American Beauty (LP) (Burbank, CA: Warner, 1970).

序章

1 Jon Kabat-Zinn, Full Catastrophe Living (New York: Bantam Books, 2013), xxxv.
2 Chogyam Trungpa, The Myth of Freedom and the Way of Meditation (Boulder, CO: Shambhala, 2005).
3 B. Alan Wallace, Getting Mindfulness Right, https://psychcentral.com/blog/archives/2016/11/15/getting-mindfulness-rightexpert-b-allan-wallace-explains-where-we-are-going-wrong/.
4 Jon Kabat-Zinn, Wherever You Go, There You Are: Mindfulness Meditation in Everyday Life (New York: Hyperion, 1994), 7.
5 Bill Moyers Journal: Grace Lee Boggs, https://vimeo.com/33217407.
6 S. Murphy-Shigematsu, How to Help Diverse Students Find Common Ground, http://greatergood.berkeley.edu/article/item/how_to_help_diverse_students_find_common_ground.

第1章

1 Shunryu Suzuki, Zen Mind, Beginner's Mind: Informal Talks on Zen Meditation and Practice (Boulder, CO: Shambhala Publications, 2011).
2 Mindfulness Training Increases Attention in Children, https://www.sciencedaily.com/releases/2013/09/130905202847.htm.
3 C. Otto Scharmer, Theory U: Leading from the Future as It Emerges: The Social Technology of Presencing (Cambridge, MA: Society for Organizational Learning, 2007).
4 Daniel Goleman, Emotional Intelligence: Why It Can Matter More Than IQ for Character, Health, and Lifelong Achievement (New York: Bantam, 1995).
5 bell hooks Urges “Radical Openness” in Teaching, Learning, http://www.ncte.org/magazine/archives/117638.
6 Valerie Malhotra Bentz and Jeremy J. Shapiro, Mindful Inquiry in Social Research (Thousand Oaks, CA: 1998).
7 Parker J. Palmer and Arthur Zajonc, The Heart of Higher Education: A Call to Renewal (San Francisco: Jossey-Bass, 2010).
8 Dan Barbezat and Mirabai Bush, Contemplative Practices in Higher Education

スティーヴン・マーフィ重松

Stephen Murphy-Shigematsu

心理学者。スタンフォード大学ハートフルネス・ラボ創設者。同大学ライフワークス統合学習プログラムの共同創設者。

日本で生まれ、アメリカで育つ。ハーバード大学大学院で臨床心理学博士号を取得。1994年から東京大学留学生センター（現国際センター）、同大学大学院の教育学研究科助教授として教鞭を執る。その後、アメリカに戻り、スタンフォード大学教育学部客員教授、医学部特任教授を務める。

現在は、医学部に新設された「Health and Human Performance」（健康と能力開発プログラム）で、教育イノベーションプログラムを開発。同プログラムでは、マインドフルネスに創造的な表現、変容をもたらす学びを統合させたハートフルネスを導入し、伝統的な智慧とアメリカの最先端科学を取り入れながら、EI（感情的知性）、生きる力や人間力を高める革新的な授業を行っている。スタンフォード大学で学生が優秀な教員をノミネートする優秀教員賞受賞。

また、アメリカ国内のみならず、ヨーロッパ、日本を含むアジアのさまざまな組織でハートフルネスの原理と価値観にもとづくプログラムを、多様性の受容、リーダーシップの育成、コミュニティの組織などのために提供している。

著書に『スタンフォード大学 マインドフルネス教室』（講談社）、『スタンフォード式 最高のリーダーシップ』（サンマーク出版）、『多文化間カウンセリングの物語』（東京大学出版）などがある。

ホームページ　https://www.murphyshigematsu.com

島田啓介

Keisuke Shimada

精神保健福祉士（PSW）・カウンセラー、翻訳家、大学講師、ワークショップハウス「ゆとり家」主宰。1995年のティク・ナット・ハン来日ツアーの世話役の一人。マインドフルネスをテーマにした講演、研修、講座などを各地で行っている。おもな訳書に『ブッダの幸せの瞑想 マインドフルネスを生きる』（共訳）、『怖れ 心の嵐を乗り越える深い智慧』『今このとき、すばらしいこのとき』（以上、サンガ）などがある。

スタンフォードの心理学授業《しんりがくじゅぎょう》
ハートフルネス

2020年10月31日　第1刷発行

著者｜スティーヴン・マーフィ重松《しげまつ》
訳者｜島田《しまだ》 啓介《けいすけ》
発行者｜佐藤 靖
発行所｜大和《だいわ》書房
東京都文京区関口1-33-4　〒112-0014　電話　03(3203)4511
ブックデザイン｜新井大輔
本文印刷｜厚徳社
カバー印刷｜歩プロセス
製本所｜ナショナル製本

ISBN 978-4-479-79735-7
乱丁・落丁本はお取替えいたします
http://www.daiwashobo.co.jp/